不懼

當為則為

林享能——著

作者序

我離開公職後，許多較瞭解我的朋友，鼓勵我寫回憶錄，他們認為我跨外交與農業兩棲，又曾承擔重要任務，處理事務，又勇於做事，要我把這些經驗寫下來。

說實在的，回憶錄，我是不想寫。因為時代在變，環境也變，而且變得很快，像我出生於民國二十年代的人，個人的際遇，或說三道四；現代的年輕人，不會有興趣去瞭解，倒是多年來，有感於國人對國家認同的困擾，及看到政府部門有些當為的施政，應即時推動卻延宕不決，面對壓力，又畏首畏尾，於是我想，個人雖渺小，如果把我個人長期涉獵國際法及處理涉外事務，有感於目前國人對國家定位的困擾，究該何去何從，提出個人的看法，以及把我處理過的事，擇其較為特殊的，平實寫出來，供讀者參考，容多少或有所助益。因為有些任務是代表國家去談判，又有些措施形成國家的決策，督導海外技術合作，是為了維繫邦交，就是由於這些考慮，我寫了這本書。

我個人公職生涯，比較有變化，二十七年服務外交，十一年在農委會，出任海外技術合作委員會主任委員也有七年餘，跨不同的部會，同時，我也曾担任台灣養豬科學研究所董事長、台灣區肉品基金會董事長、中華民國對外漁業合作發展基金會董事長，代表經濟部出任台灣糖業公司及台灣肥料公司董事，也曾應聘為智利天主教大學訪問教授及輔仁大學兼任教授任教，國家政策研究基金會政策委員等。涉獵較廣，閱歷也較多，因此本書的內容包括外交、農業、漁業加入WTO談判，美豬問題，海外技術合作範疇等，也較多單元，供讀者們分享。

目錄

第一章 國家利益的探討 15
第一節 拜訪聯合國國際法庭法官小田茲 16
第二節 參加第一屆亞洲國際法研討會 18
第三節 以國際法探討與我有關之重大事件 20
第二章 立足國際，國家生存定位的探討 23
第一節 我國外交的困境 24
第二節 聯合國與一中問題 27
第三節 中共要求其邦交國堅守一中 28
第四節 加入聯合國問題 29
第五節 九二共識與外交 33
第六節 兩岸磨合，政府應早日定調 37
第七節 踏實外交不宜躁進盲動 40

第八節　當前外交，應以維繫臺海和平，振興經濟為重……42
第九節　無邦交國家的非正式關係……47

第三章　訪問緬甸洽商漁業合作……53
第一節　主動出擊，尋求漁業合作……54
第二節　闡釋無邦交國非正式關係理念爭取簽約……55
第三節　簽訂漁業合作備忘錄……57

第四章　臺菲簽官方協定獲突破……59
第一節　協定暨備忘錄的商談……60
第二節　開釋菲方，簽署官方協定……61
第三節　臺菲終於，簽官方協定……63

第五章　美國狂牛病牛肉輸臺風波……67
第一節　臺美簽署進口美國牛肉議定書……68
第二節　依動物傳染病防治條例之規定，應禁止進口……69
第三節　從疫區進口，我可從嚴認定，但我未堅持……70
第四節　動物傳染病管理與食品衛生管理應有別……72
第五節　議定書所規範措施，漏洞百出……73

第六節　出口工廠被終止出口後，仍有漏洞……75
第七節　將狂牛病疫區之垃圾食物銷台，不符正義……76
第八節　蠻橫要求，我也接受……76
第九節　議定書送立法院審查引起之爭議，亦有可商榷處……78
第十節　建議……81

第六章　含瘦肉精美國牛豬肉進口之問題　83
第一節　瘦肉精的用途……84
第二節　目前世界各國管制情形……85
第三節　國際對萊克多巴胺之管理規範……86
第四節　農委會公告為「動物用禁藥」……87
第五節　開放瘦肉精，將使國內畜產業潰敗……87
第六節　宜否開放之檢討……89

第七章　臺美最終回 WTO 談判　93
第一節　經貿官員喻為刺激又浪漫……94
第二節　雙方代表團旗鼓相當……95
第三節　一場艱苦的談判……95
第四節　美方談判的技巧……97

第五節　處變不亂穩定軍心……98
第六節　調整談判策略，擺脫卡西迪……98
第七節　大方略切入，不直接論斤論兩……100
第八節　情人節送花……107
第九節　談判順利的原因……108
第十節　自我評估……111

第八章　擔任特使團秘書的經驗　115
第一節　三度擔任特使團秘書……116
第二節　嚴格管理行李，讓嚴副總統印象深刻……116
第三節　迅速索取資料，得到嘉許……118
第四節　陪嚴夫人坐雲霄飛車……119
第五節　當機立斷，排除尷尬局面……120
第六節　趕寫特使團訪問報告，何來時差……121

第九章　先總統崩逝，國殤無先例　125
第一節　凌晨得知噩耗，我立即奔辦公室應變……126
第二節　擬妥計畫，即先連絡……127
第三節　特使團赴官邸向蔣夫人弔唁……130

第十章 禁止公海使用流刺網 133
第一節 使用流刺網捕魚的源起 134
第二節 死亡之牆，引起國際韃伐 135
第三節 國際要求禁止在公海使用流刺網 136
第四節 美國麥考斯基參議員來臺問罪 138
第五節 農委會順利如期禁用流刺網 140

第十一章 大刀闊斧為保育 143
第一節 臺灣淪為國際保育人士的箭靶 144
第二節 農委會下猛藥 145
第三節 修訂野生動物保育法 148

第十二章 紅毛猩猩的悲歌 153
第一節 牠是「森林中的人」 154
第二節 愛牠就讓牠回家 155
第三節 舉辦徵文比賽和歡送會 156
第四節 返鄉過程平安、順利、圓滿 158
第五節 「呆呆」與我 159

第十三章 貓熊進口之波折 163
第一節 貓熊為瀕臨絕種之野生動物 164
第二節 我曾反對進口貓熊 164
第三節 中共贈送之貓熊，係屬人工飼養，建議進口 165
第四節 華盛頓公約輸出入之規定 166
第五節 野生動物保育法之規定 168
第六節 臺北市立動物園具備的飼養能力 169

第十四章 美國引用培利修正案，制裁我國 171
第一節 培利修正案的源起 172
第二節 美國醞釀制裁我國 172
第三節 為化解制裁，台美正式諮商 174
第四節 美國終於宣布制裁 179
第五節 不准外國人爬在我們頭上撒野 182
第六節 請辭以示負責 184

第十五章 我不入場打球，你又奈我何？ 187
第一節 小白球的風波 188
第二節 成立跨部會查緝小組 189

第三節　玩真的，努力取締……190
第四節　我毅然封桿，支持小組勇敢去取締……192

第十六章　養豬產業的浩劫──口蹄疫　195

第一節　畜產業最恐怖疫病──口蹄疫……195
第二節　臺灣口蹄疫的爆發……196
第三節　遇此浩劫，不容遲疑……198
第四節　當機立斷，採取緊急措施……199
第五節　解決疫苗問題……201
第六節　親自處理，自阿根廷進口疫苗……203
第七節　劫後省思……207
第八節　監察院的調查……209

第十七章　九二一大地震，不一樣的救災　213

第一節　震央集集，救災火急……214
第二節　那裡最慘，我就往哪裡去……215
第三節　在公所前設聯絡中心，並在各里設聯絡處……216
第四節　集集救災，引起媒體注意……217
第五節　大刀闊斧，快刀斬亂麻……219

第六節　集集有位好鎮長和團隊……224
第七節　蕭院長親自主持集集災後重建座談會……226
第八節　軍民同歡，走出悲痛，迎接新生……227

第十八章　同樣熱誠救災，卻踢到鐵板 231

第一節　促成旅港臺灣社團捐款興建九二一地震紀念公園……232
第二節　旅港臺灣社團認真推動……233
第三節　籌建委員會決定，另尋建築師議價承辦……234
第四節　美夢成泡影……235
第五節　成立基金會也胎死腹中……236
第六節　有負旅港同胞賑災愛心……237
第七節　籌建委員會的其他工作……239

第十九章　澎湖應該有更亮麗的遠景 241

第一節　工商蕭條，農業難發展……242
第二節　為領取獎勵金，縣府竟將大片土地納編山坡地……243
第三節　澎湖的綠美化……244
第四節　澎湖人怨他們是二等公民……245
第五節　澎湖人的悲哀……247

第六節 新加坡大型綜合遊樂園的範例……250
第七節 發展大型遊樂場，帶動澎湖農漁業……254

第二十章 國共論壇發聲，為臺灣農漁民爭取利益 257
第一節 前言……258
第二節 兩岸農漁業交流發展情形……258
第三節 農漁產品銷大陸遭遇的問題……261
第四節 大陸讓利，臺灣農漁民無感的原因……263
第五節 創造農民實利的建議……264
第六節 結論……266

第二十一章 督導海外技術團 269
第一節 技術援外救國……270
第二節 先鋒案……271
第三節 先鋒案譽滿國際，功在國家……273
第四節 海外技術合作委員會與我……277
第五節 海外技術合作團的成果……279
第六節 大難不死……282
第七節 提升農技合作，理想未克實現……284

第八節　獲頒勳章…… 288
第九節　退色的光芒…… 289
第十節　布國珍惜與我邦誼的省思…… 291

第二十二章　邦誼私誼與帛琉之歌 295

第一節　遺世獨立的美麗島國…… 296
第二節　農技團化劣壤為良田…… 296
第三節　農技團奠下邦誼…… 297
第四節　尋求進一步合作…… 299
第五節　私誼與帛琉之歌…… 300
第六節　私人渡假，也備受禮遇…… 301
第七節　貴重禮品，永生難忘…… 303

說明

海洋法中，為對海洋生物資源的保育，已限縮海洋捕魚的自由。

我為遠洋漁業大國之一，如何因應？

我退出聯合國後，因一中問題在國際社會已陷孤立，為參與國際組織與活動，該如何突破？

第 一 章

國家利益的探討

第一節 拜訪聯合國國際法庭法官小田茲

為徹底瞭解海洋法中，有關保護海洋生物資源，漁源國在其經濟海域或公海執法登船和臨檢；公海流刺網捕魚；綠色和平組織在公海杯葛漁船；以及分裂中之中國，中華民國在國際社會中之定位及參與國際事務等國際法問題，本人於一九九〇年三月，趁率團赴非洲迦納參加第十屆亞非農村復興組織（Afro-Asian Rural Reconstruction Organization-AARRO）之便，於回程時，特於三月二十三日飛荷蘭，事先請我駐荷蘭代表處羅組長時日，安排於當日拜會聯合國國際法庭日本籍法官小田茲，約好於上午十一時見面，獲彼熱誠接待，在其辦公室親切交談。對我請益事項，其中對有關保護海洋生物資源之目的，而同意漁源國執法人員登船和臨檢問題，渠表示已是國際法中之慣例（It's already a practice of international law），成為普遍發展之趨勢；對綠色和平組織之杯葛行為，渠認為有違國際法；對公海禁用流刺網問題，渠認為不能強調公海有捕漁自由，為了海洋生物資源之保育，為人類能永續利用，各國應予尊重。對中華民國在國際社會中地位問題，渠語重心長表示，日本至少約有十位著名之國際法學者，長期為日本在國際社會之利益辯護及創造有利法則。他有些惋惜地表示，台灣的國際法學者在這方面，較少着力，為中華民國之基本利益挺身闡釋，並尋求有利之國際法原則辯護。由於他親切也誠懇，本人遂趁此機會提出「未被承認之無邦交國家參與國際社會双邊或多邊國際會議及締約問題」，特別請教他國際法學者 William W. Bishop, Jr, 在其所著 International Law, Cases and

Materials，所論述 Informal Relations with Unrecognized Regimes，之各種案例，他不辭麻煩進一步加以說明。由於所談內容較深，費時也較久，晤談約二小時，延誤他午餐時間，我告辭時，已是午後一時許。因長談延誤他午餐及午休，經向他表示歉意，誠懇邀他晚間共餐，彼欣然接受。

晚間七時，由駐荷代表處款宴小田茲法官，我率領的代表團全體人員均參加。席間續與他討論國際法問題。此次會晤能暢談諸多問題，甚感獲益良多。我順便邀請他來台作私人訪問，他也欣然接受。他也表示與李登輝總統及林洋港先生均熟稔，回台後我請見外交部錢復部長，報告此次面晤小田茲會談情形，建議外交部邀請他來台作私人訪問，趁機舉辦研討會，我也向林洋港先生報告，轉達小田茲向他問候之忱，但很可惜，農委會本身沒有邀請聯合國國際法庭法官的課目，外交部也沒邀請，我覺得非常可惜。如果他來訪，可與國內國際法學者交流，如辦研討會，各部會官員也可參加，在腦力激盪下，對飽受孤立，漸與國際社會脫節的我們，思緒及視野會更廣闊。

回顧自一九七一年我退出聯合國後，在國際間，我國遭遇許多橫逆，處境困難，在國際法範疇，有大師級的丘宏達教授，常發表高見的魏鏞教授、趙國材教授等，較常挺身建言，其他國際法學者也學有專精，在中國國際法學會運作下，提供專論及卓見。

但依我個人的體會，學者與政府涉外單位之聯繫及串聯不足，致政府涉外事務常欠缺論述，且越來越明顯。

我在農委會任內推動國際漁業合作，於籌商階段，經常請外交部派員指導，外交部蒞臨指導人員，在實質問題上幾不表示意見，只有在結束前，叮嚀簽約時，爭取用ROC，但從未提供如何說服對方的說帖。故我個人感觸良多，又如外交休兵及活路外交，也欠缺立論，如果只是口號，自無所謂，如係政策，應讓國人瞭解。

第二節 參加第一屆亞洲國際法研討會

由於有志外交，國際法是必修課程，研究國際法也是我的興趣。在大學及研究所期間，由於缺乏案例的涉獵，所學僅是一般原則，不足因應國際事務。

我是一九六三年冬，外交特考及格，次年三月入外交部實習，實習畢，被分配禮賓司交際科服務。當時工作繁忙，可能是我工作認真，處事穩重，給長官留下印象，於一九六五年二月，亞洲基金會與耶魯大學，在菲律賓國立菲律賓大學合辦第一屆亞洲國際法研討會，邀請亞洲每個國家派一名年輕官員參加，在我完全不知情下，沈錡次長約見我，派我參加此研討會，獲此殊榮，對我是很大的鼓勵。

尤其為期三個月的研討會，與各國代表一同切磋討論，又有耶魯大學名教授指導，獲益良多，也啟發我多參與討論的膽識。

返國後，對進一步探討國際法，更增加我的興趣。故在國內服務期間，深知書到用時方恨少的道理，對國際法的研讀，不敢荒廢，經常在外交部圖書室及美國文化中心圖書館借閱國際法專書，每次出國路過紐約，均會特別保留時間，優先去聯合國總部地下一樓聯合國出版物中心，購買有關國際法的出版書籍。

在一九九〇年代，有關海洋法、漁業規範、氣候變遷、生態保育、環保、外太空商業化等成形中的國際法理念，該中心均有專書或專刊陳列販售，每次對我要的出版刊物均予購買，閱讀後，自然產生繼續追蹤的興趣，所以會前往海牙拜訪聯合國國際法庭小田茲法官，也是出自此種求知的動機。

第三節　以國際法探討與我有關之重大事件

當我還在外交部服務期間，在外交部忌諱同仁發表文章氛圍下，對國際間引起國際法上有爭議之事件，常以自己所知，撰寫探討性論文，以本名及林南山筆名，在國立政治大學國際關係中心之「問題與研究」期刊及其他刊物發表。

如我遠洋漁船憲德三號，於一九八六年五月二十八日遭阿根廷巡邏船擊沉事件，因起國內學者及輿論似是而非的評論，我撰寫「論憲德三號漁船事件所引起之法律問題」；我漁船在北太平洋公海流刺網捕漁，引起登船臨檢問題，「中美北太平洋公海流刺網捕魚協定」，於一九八九年八月二十四日換文生效，此協定自簽署迄換文，被國內部分學者及立委指責為「喪權辱國」，於換文後猶餘波盪漾，爭論未息。

輿論界並已預料此事將於立法院開議後，會引起砲轟。於是，我立即撰寫「從國際法觀點論中美北太平洋公海流刺網捕魚協定」，於二個月後，刊登於「問題與研究」，指出「登船臨檢」已是國際形成中的慣例，有三十六國在彼簽署之漁業協定中納入，供各界參考。美國軍事干預格瑞那達，我撰寫「從國際法法理論美國軍事干預格瑞那達事件」，藉以啟發國人深思，如台海發生問題，美國會有那些法理介入。

南極大陸將引起各國搶佔，依國際普遍的看法，南極應屬全體人類所有，我也撰述「南極大陸的現狀與發展」，這些論述，均刊於「問題與研究」期刊。

小琉球籍廣達興二十八號漁船被菲律賓巡邏艇槍擊，造成船長身亡，菲律賓蠻橫拒道歉賠償，不得已，政府採取經濟制裁菲律賓事件。

為讓國際人士瞭解，遲未見國內學者有完整的論述，政府的說明也欠完整，於是我也以國際法法理，用英文撰"The Legal Basis on The Sanction Against The Philippines, The Case of the Incident of Fishing Vessel Kuantashin No. 28"在國家政策研究基金會網站及英文年刊發表，供國內外人士參閱。這些意念，無非是學以致用，盡其在我罷了。

但事情的發展讓人意外。民國七十八年十月，農委會為因應國際化，需加入GATT及漁業涉外糾紛越來越多，需要一位懂國際事務、諳國際法、外語能力佳、有任用資格，如不是學農的，也必須是有農事基礎的農家子弟參與協助。農委會余玉賢主委有意延攬我，遂向認識我的長官打聽，認為我可適任，當時我與他不熟，只在我的同鄉劉富善博士晚宴中見過一次。他在電話徵詢我時，我曾婉拒他的好意，表示從未涉入農委會事務，卻去當政務副首長，實在無此膽量，但他卻不理會我的婉謝，促成徵調我到農委會擔任副主委。有時回想，如果不去發表那些論文，應該不會有調農委會服務的機遇，這是我大半生從來沒有想到的事。

說明

1. 一九四九年，大陸淪陷，中共於十月一日建立「中華人民共和國」，國民政府於十二月八日撤退來台，「中國」遂分裂為兩個政府，雙方互不承認對方，堅持己方代表全中國，在聯合國互爭代表中國之席位，形成所謂「中國代表權」問題。一九七一年聯合國第二十六屆大會通過決議，判定「中華人民共和國政府為中國唯一合法政府」，致中華民國被迫退出聯合國。

2. 大陸淪陷後，中華民國政府之軍隊，於一九五〇年二月退出海南島，同年六月撤出舟山群島，後於一九五五年二月撤出大陳島，固守台、澎、金、馬，兩岸分治版圖於焉成局，兩岸始終政治對立，軍事對峙，在國際場合也互相對抗，就中共而言，有中華人民共和國，就沒有中華民國，致台灣在國際場合，被中共打壓，不得以中華民國名義參與國際組織及活動，與各國交往也受到壓縮，權宜措施以「中華台北」（Chinese Taipei）為名參與，國內有部分人士又指為喪權辱國，現兩岸仍處軍事對峙、政治對立。馬英九執政期間，在認同各自表述的九二共識下，採取外交休兵，以妥協換取空間，在國際社會暫時獲得穩定，但政黨再輪替，蔡英文未接受九二共識，採行親美友日疏中政策，使兩岸互信喪失，且逐漸冷凍，任何躁進盲動引起我外交崩盤危機，隨時存在。

3. 為長治久安，台灣在兩岸之間如何和平發展，建立互信，在國際上避免衝撞，如何以特殊國情融入國際社會，實有必要加以探討。

第二章

立足國際，國家生存定位的探討

第一節 我國外交的困境

目前在國際上，聯合國有一九四會員國，我與二十一國有邦交，在五十八國設有代表處，並以不同名稱參與三十二個國際組織作為會員，包括以 Chinese Taipei 參加亞銀（Asian Development Bank）亞太經合會（Asia-Pacific Economic Cooperation APEC）世界衛生大會（World Health Assembly）；以台澎金馬名義加入世界貿易組織（World Trade Organization WTO），同時以觀察員名義參與其他國際組織。我所以不致太孤立，係歸功於我經貿蓬勃發展，是世界第十九大貿易國，經濟開放迎向自由化及國際化，第五大外匯存底國，文化根基厚，科技、農業及醫療水準高，人民素質佳及民主化成功等因素，他國願與我進行民間交流。而我國人出遊世界，表現良好，跳船滯留案例少，各國在發展觀光前提下，甚至未經我交涉即自動予我國人免簽證，迄今已有一六四國。

目前的情形，台灣耀眼的經濟奇蹟已停滯褪色，大陸經濟及軍事力量崛起，已是超級強國，相形之下，台灣要拓展外交，在一中罩門限制下，難以突破，且有弱化趨勢。馬英九執政標榜不統、不獨、不武，接受九二共識，取得與大陸之妥協，並賴採取外交休兵，穩住偏安的局面。然則，外交休兵是兩岸在外交事務交兵的轉折，國際間只有交戰雙方休戰之例，無雙方單獨在外交方面休兵的先例。事實上我片面宣布，並未與中共洽談，更無對方的承諾，但馬英九時代的外交，却獲得偏安，此顯係因台灣也認同一中，在此基礎上，大陸為顧全兩岸和平發展，予以忍讓的結果。在外交休兵下，凍結外交關係的狀態，不尋求與任何中共的邦交國建交，乃至不尋求加入聯合國，如改變外交休兵之政策，重回烽火外交，互挖牆角，拼鬥打壓的局面，對我不利。而與我有邦交國家如宣布與我斷交，則與外交休兵無關。友邦一旦與我斷交後與中共建交，中共也沒有義務拒絕。國際間，主權國家有完全自主權決定其外交，追求其國家利益，建交後如能加強友好關係，並對友邦有益，則可持之久遠。

實際上中華民國在國際上，與他國不同，自一九四九年起，與中共進行漢賊不兩立的鬥爭，一九七一年聯合國第二十六屆大會通過第二七五八號的決議案表決，所謂中國代表權問題，判定由中華人民共和國代表。一九七一年以後，凡與中共建交的國家，中共均高姿態從事談判，要求各國承認一中，在國際上圍剿中華民國，矮化中華民國的參與，時至今日，其意圖仍未改變，故我外交困境依然存在。吾人必須認知，我現有邦交國並無義務必須與我長相廝守，維持邦交，在我與中共之間，誰能給它較大利益，它就會選誰。現中共已是強權，世界第二大經濟體，第一大貿易國，出口總額世界第一，也是外匯存底最多的國家，經濟勢力雄厚，其經濟勢力，已深入各大洲，根據大陸商務部的資料二〇一六年一月至十月，大陸對全球一六二個國家及地區，境外非金融類的投資，共達一四五九．六億美元，與去年相比成長五三．三%，且處理國際事務已臻嫻熟，各國均樂予與中共加強關係，諸如德國總理梅克爾，每年均會訪問大陸，東南亞國家，諸如緬甸的翁山蘇姬，馬來西亞與越南的總理，菲律賓的杜特蒂總統，於二〇一六年紛紛出訪北京，尋求中共的協助與合作，故吾人必須認知，中共可輕易出手拉攏我友邦，中共警告新政府，如改變兩岸立場，不接受「一中」概念的「九二共識」，會地動山搖。二〇一六年十二月二日，川蔡通話後，中共已改變態度，不再忍讓，拉攏我友邦，致我外交已陷入動盪難安的局面。我推動外交休兵的前外交部長歐鴻鍊，於甘比亞與中國大陸建交發表談話中，已示警，他直言：「據他所知，幾乎每一個台灣的邦交國，都想跟大陸建交。民進黨政府上台後在兩岸政策，如果踩到中國大陸底線，不僅邦交國數目會減少，非邦交國也會因對岸施壓，降低與台灣往來層級，屆時台灣外交空間將面臨全面壓縮」。因此執政者如未妥善處理兩岸關係，勢必引起外交崩盤的局面。川蔡通話，引起大陸採取懲罰措施，挖我牆腳，促使聖多美普林西比，於十二月二十一日宣布與我斷交，五日後，中共宣布與聖國復交，改變拖延與甘比亞建交的模式，顯示已終止我過去八年外交休兵的局面。而本年（二〇一七）一月十二日，於中共外長訪問非洲奈及利亞時，奈國政府以非常不友善態度，宣布逼我駐奈國「中華民國商務代表團」摘牌更名，並逼我代表處遷離首都，幾近羞辱。中共選擇在我無邦交國家孤立我國，此舉之嚴峻，可能超過挖我邦交國，在不到一個月內，中共兩次出手，後續骨牌效應，令人擔憂。而本年三月下旬，台北市長柯文哲率團訪問馬來西亞，馬國奧林匹克委員會及吉隆坡市長拒不接見，前副總統呂秀蓮二度申請泰國入境簽證被拒，兩岸關係未妥慎處理就產生這些結果。

在一九七一年以前，我始終視中華人民共和國為叛亂團體，中共於一九四九年立國，我並不承認。

雖然我已棄守中國大陸，轉守台灣，但在聯合國捍衛中國的代表權並無間斷。聯合國於一九四五年成立時，中華民國為創始會員國及安全理事會五個常任理事國之一，聯合國憲章第二十三條及第一百一十條明載此事實。

其時，中華民國自然代表全中國，因中共試圖加入聯合國，遂產生所謂「中國代表權」問題，我堅持漢賊不兩立，有我就沒有你，故我在聯合國大會年會，每年均產生所謂中國代表權的表決。

惟一九七一年聯合國第二十六屆大會通過第二七五八號決議，將中華民國在聯合國之代表權，由「中華人民共和國」取代，且援用我所堅持有我就沒有你的邏輯，決議「中華人民共和國政府為中國唯一合法之政府，而台灣是中華人民共和國領土不得分割的一部分」。決議案通過後，中華民國爰被迫退出聯合國，其參與聯合國體系內相關活動之權利因而被剝奪。

此後在聯合國體系內相關公文書，提到台灣，均以「台灣，中國」，或「台灣，中國之省」名稱出現，國人每看到此註解，均會不悅，不熟悉此段歷史之國人，在愛國情操下，均會指責參與國際事務的官員或團體喪權辱國，但這是歷史產物。

第三節 中共要求其邦交國堅守一中

尤有甚者，自一九七一年以後，凡與中共建交的國家，中共均要求其承認（recognize）「中華人民共和國政府，為中國唯一合法的政府，台灣是中華人民共和國領土不可分割的一部分」。此罩門，在一九七一年以後，所有與其建交的國家，在中共堅持下，均予承認前者，包括美國及日本在內。

對第二部分「台灣是中華人民共和國領土不可分割的一部分」乙節，英國、西班牙、泰國、紐西蘭及美國等表示予以認知（acknowledge），日本與菲律表示「充分理解和尊重」（fully understand and respect）；智利、祕魯、厄瓜多、希臘及義大利等表示「注意到」（take note of）等，而一九九二年一月二十日建交的白俄羅斯，在公報中，除列舉上述二原則外，中共又擴大要求，將中共政府「堅決反對」旨在製造『兩個中國』『一中一台』『一國兩制』或『台灣獨立』的任何企圖和行動」之立場，列入公報。現聯合國會員國中有一七四國與中共有邦交。

時至今日，由於中共國力強大，協助其友邦建設，無論是援助或貸款，已超越歐美，而其週邊國家，中共已成為其最大貿易伙伴，挾其經濟優勢，各國不可能棄一中而友我，美國與日本均持此立場。

陳水扁時代每次台灣有挑釁台海和平之行為，美國例皆重申維持一中政策，即令川普於就職前，曾表示，不理解為何美國要受「一個中國政策」的約束，也表示要與中共談判，但川普就職後，於二月九日，與習近平通電話，事後，美國白宮發表聲明表示：川普在習近平要求下，表示「同意尊重（honor）我們的一中政策」（美國自己的一個中國政策），繼四月七日，川習二人在美國佛羅里達州會談中，双方未討論台灣問題，但中共外交部長王毅，於八日，在向媒體介紹會晤情況時表示，習近平當面向川普重申大陸對台問題的原則和立場，希望美方在中美三聯合公報和「一個中國」基礎上，妥善處理。

川習會後，美方官員也表示，美國基於「三公報」和「台灣關係法」的一中政策，未有改變。

故中台美三角關係，又回到現政府改變當時現況前的基本面。

此外，日本將其在台北之派駐機構由交流協會更名為日本台灣交流協會，日本政府也聲明未違背一中，國際政治如此，目前我不能有過多的幻想。

第四節　加入聯合國問題

國內獨派人士，迄今希望改國號加入聯合國的訴求，仍不絕如縷，忽略國際政治，以及會引起中共攻台，造成寶島不保，經濟摧毀的危機，硬要挑戰，絕非國家之福。

按聯合國憲章並未有國家必須加入聯合國的強制規定，也未有明文表示須普遍化的原則。凡國家要加入聯合國，憲章所訂之程序如下：

1．合乎要件的國家，需由安全理事會議之推薦。聯合國憲章第四條規定：「凡其他愛好和平之國家，接受本憲章所載之義務，經本組織認為確能並願意履行該組織義務者，得為聯合國會員國。准許上述國家為聯合國會員國，將由大會經安全理事會之推薦以決議行之。」

2．安理會之推薦，需獲全體常任理事國之支持。憲章第二十七條規定，安全理事會對其他一切事項之決議（包括加入聯合國為會員國之推薦），應以十五理事國之可決票，包括全體常任理事國之同意票表決之。

3．新會員國之加入，大會需列會及投票之會員國三分之二多數決定。依憲章第十八條規定：「新會員國加入聯合國之准許，需大會列會及投票之會員國三分之二多數決定。」

依據上述憲章之規定，目前我要申請加入聯合國，實不能蠻幹或橫衝直撞。雖則台灣要廣泛參與國際組織及活動，為國人普遍的願望，而希望加入聯合國，為國人共同的理想。事實上聯合國對任何愛好和平的國家加入，應採普遍化原則，讓所有愛好和平的國家加入，也是普世的願望。誠如第五十屆聯大主席阿瑪諾（Diogo Freitas do Amaral），於一九九五年九月十九日，在聯大開幕演說時，曾表示：「聯合國已不再是會籍受限制之政府間組織，應致力促使所有尚未成為會員國之國家，在最近之未來，尋求加入。因此，對會員國所加諸之最嚴重懲罰，絕非加以驅逐，而係在一段不確定之期限內，中止其會籍，蓋原則上，聯合國須包含世界上所有國家」。

此原則正是我國可尋求再加入的理由，其他國家不會有阻力可據以利用，但我卻陷於過去自己堅持一個中國，有我沒有你的所謂中國代表權的問題，此框架對我已形成罩門，牢不可破。國際間的例子，分裂中的國家，可平行加入聯合國，不會妨礙共同追求國家的統一。如前東、西德，曾分別於一九七二年及一九五二年成為聯合國觀察員，後於一九七三年，同時成為聯合國會員，於一九九〇年，完成國家統一。而南、北韓則分別於一九四九年及一九七三年成為聯合國之觀察員，於一九九一年同時成為聯合國會員國。前東、西德加入聯合國後，並未對德國統一造成障礙；而南、北韓迄今仍在政治對立，軍事對峙中，但仍共同追求國家統一。此等先例顯示，分裂國家同時參加聯合國，並不妨礙其未來之統一，反能兼顧分裂各方人民參與國際政治、經濟、社會、文化及維護地球村等活動之基本權利。中華民國的情形，本來就是聯合國的創始會員國，憲法仍堅持統一之目標，海峽兩岸若能平行參與聯合國，增加彼此共同參與國際事務之機會，個人相信，會有助於兩岸的統一，此對促進中國之和平統一，更能加速邁進。聯大第二七五八號決議，並未完全解決中國在一九四九年後，兩岸隔海分治所產生之聯合國席位問題。該項決議雖解決「中華人民共和國」管轄區域內，中國大陸地區人民參與國際活動之問題，卻剝奪了中華民國治理下，台灣地區人民的基本權利。若我要尋求加入，聯合國雖有重新檢討其不合時宜決議的先例，也有聯合國大會直接協助貝里斯獨立及加入聯合國的例子，但我與其他國家不同，中共以中國唯一合法政府名義穩佔聯合國席位，在其高舉民族主義及反分裂訴求下，不可能同意中華民國加入聯合國。

猶憶陳水扁總統二度致函聯合國祕書長，要求中華民國加入聯合國，此不但未符聯合國憲章，對任何愛好和平的國家尋求加入作為會員國的規定，且兩度被退件，以中華民國總統之尊被退函，傷及國格，自取其辱。而陳水扁總統要推動入聯公投時，美國國務卿萊斯，在年終記者會中，公開批評為挑釁的政策，並明指入聯不會給台灣帶來任何好處。一時，美國認為陳水扁是麻煩製造者，致他要訪問中南美，美國只讓陳水扁過境阿拉斯加，陳水扁感受到屈辱後，只好往西邊繞著地球飛，而每遇台灣有引起兩岸動盪的舉措，美國例皆公開表示，美國維持一中的政策。台灣有些從政者，為追求民粹，有仍想走鋼索的意圖，甚至異想尋求美國的支持，忽略美國與中共建交前，及建交後，與中共簽訂的三個公報，及制定台美關係的「台灣關係法」，對兩岸關係就已定位一中原則，並在建交公報中宣示：「美國人民將同台灣人民，保持文化、商務和其他非官方關係」。繼在宣布與中共建交的聲明中，表示：「未來，美國人民和台灣人民，將在無官方之政府代表與無外交關係的情況下，維持商務、文化與其他關係」。美國也承諾，不會支持台灣參與以國家為名義的國際組織，故冀望美國支持我加入聯合國，是不切實際的想法。忘了這些事實，只空有愛台的熱情和勇氣，但無智慧。

故中華民國欲尋求加入聯合國，無論從國際法、國際政治，乃至從兩岸僵持情形，目前並無可能。依規定，安理會之推薦，需全體常任理事國之支持，中共焉能同意？而聯合國大會之表決，需列會及投票會員國三分之二多數票之通過，依二〇一六年在聯合國大會為我入聯仗義發言者只十三國，我邦交國二十一國中，除教廷為非聯合國會員外，有瓜地馬拉、布吉納法索、多明尼加、薩爾瓦多、宏都拉斯、巴拿馬、聖露西亞等七國未為我發言，而聯合國有一九四國會員國，假定投票時只有一五〇國會員出席，有投票者只有一四〇國，三分之二多數就需要九十四國，目前我邦交國共二十一國，其中教廷非聯合國會員國，如邦交國全體支持，只有二十國，尚缺七十四國，試問目前有否可能？唐吉軻德式的勇氣推動，以及少數政客們為炒作民粹，意圖衝撞，此不但於事無補，且將殃及兩岸的穩定。

第五節　九二共識與外交

吾人必須認知，兩岸仍處軍事對峙的「敵對」狀態，二十餘年來，雙方尋求台海和平，中共對「一中」的堅持，牢不可破，其國家反分裂法的訂定，已列出警告，吾人必須面對。

二〇一六年在五二〇政黨輪替前夕，習近平於三月五日，在中共第十二屆，全國人大第四次會議，上海代表團的討論會中，三度強調，堅持「九二共識」政治基礎，包括歷史事實，核心意涵，隨後中共中央對台單位領導，均一再重申「九二共識」為兩岸交流的基礎。現階段我國的外交，自然也被限縮在九二共識基礎上。

兩岸迄今，並未簽署有所謂「九二共識」的文件。中共認為九二共識就是一個中國的原則。此原則也就是一九七一年聯合國第二十六屆大會通過第二七五八號決議案，所謂中國代表權問題的原則。江澤民於一九九五年十月，在聯合國大會上重申：「世界上只有一個中國，台灣是中國領土不可分割的一部分，中華人民共和國政府，是中國的唯一合法政府，是中國在聯合國的唯一代表」。而我方秉持的九二共識，依據中華民國憲法，「一個中國」就是中華民國。憲法第四條明定：「中華民國領土，依其固有之疆域，非經國民大會之決議，不得變更之」，而憲法增修條文前言明示：為因應國家統一前之需要，依照憲法第二十七條第一項第三款及第一百七十四條第一款之規定，增修憲法條文，從而界定大陸地區與自由地區分治，同屬中華民國，中華民國治權限於台澎金馬。由於「一中」問題，兩岸有此歧異立場，在一九九二年十月二十八日至三十日，海基會與海協會在香港舉行的公證書使用問題的會議中，大陸提出「一個中國原則」問題，當時並無共識，事後，海基會於十一月三日，正式致函海協會，告知我有關方面同意，「以口頭聲明方式各自表達」，同日，海協會接獲海基會來函後，海協會副秘書長孫亞飛，立刻以電話通知海基會秘書長，表示：「我會充分尊重並接受貴會的建議」。這是「一中各表」的由來。惟中共也作保留，同年十一月十六日，海協會函海基會，函中表示，在兩岸事務性商談中之表述，不涉及「一個中國」的政治涵義。嗣李登輝總統於一九九五年六月初，赴美國康乃爾大學演講，引起中共不滿，發射飛彈威脅台灣，同時也延緩兩岸協商，海協會副秘書長孫亞飛，於一九九六年三月，再次強調「一個中國各自表述」，是海基、海協兩會過去就事務性商談所達成的共識，不涉及其他領域，也不能任意擴大到其他領域。我方為澄清立場，前海基會董事長辜振甫，於一九九六年四月二十九日，就「辜汪會談」三周年發表談話重申：「台灣海峽的兩岸分隔近半世紀之後，三年前的此刻，本人經政府授權，在『一個中國的內涵得各自表述』的共識及『對等協商、相互尊重』的原則下，為解決兩岸交流所衍生問題，在新加坡和大陸海協會汪道涵見面簽署四項協議，建立了與大陸協商聯繫的管道」。辜振甫的說明甚為清楚，雙方對「一中各表」的立場，更進一步澄清。

二〇〇〇年五月二十日，台灣首次政黨輪替，陳水扁執政後，於六月二十七日，接見美國亞洲基金會會長傅勒（William Fuller）時表示，新政府願意接受海基、海協兩會，一九九二年「一個中國，各自表述」共識，但大陸方面卻不承認有這項共識。次日，即六月二十八日，陸委會主委蔡英文又舉行記者會，澄清陳水扁有關「一個中國」問題談話與六二〇記者會，表示在精神上，內容上，是一致的。「一個中國，各自表述」是我方用來描述一九九二年會談過程的用語而來，從來沒有對「一個中國原則」有共識。蔡英文的說明是事實，陳水扁政府有意延續，在「一個中國，各自表述」立場下進行兩岸交流，但因意識形態未除，衝撞兩岸，致無具體進展。

二〇〇八年五月二十日，政黨再輪替，馬英九執政，秉持中華民國憲法之規定，順應大多數民意維持現狀的訴求，主張「不統、不獨、不武」路線，推動兩岸交流，在「一中各表」的九二共識模糊架構下，使兩岸和平發展獲得進展。二十三項協議，包括兩岸經濟合作框架協議的簽定，直航的通暢，貿易的增加，人民交流互訪的頻繁，使兩岸交流獲得相當程度的穩定與發展。大陸近在咫尺，幅員廣闊，土地及人力資源充沛，有利投資，而市場廣大，有利我產品外銷，故兩岸交流活絡，但民進黨指責過度傾中，其實這是自然發展的結果。

吾人須知，我外交受制於大陸「一個中國原則」的束縛，從當前國際法，國際政治及兩岸仍堅持對峙情形衡量，要脫離此束縛，尋求獨立，或改國名加入聯合國，並不可能。故要如何利用「一中各表」的「九二共識」，創造模糊的空間，淡化兩岸僵化的政治立場，是執政者應謀求的境界。馬英九任內推動的結果，使兩岸交流逐步升高層次，促成兩岸官員可互訪，兩岸領導人在境外正式見面，顯示此發展值得珍惜。由於兩岸仍處軍事對峙「敵對」狀態，為兩岸能和平發展，中共既已表明九二共識為兩岸交流的基礎，而我國憲法是一中，總統於宣誓就職時，舉起右手，念出誓詞「恪遵憲法」，故依憲法，自不能迴避，也應表明我們自己的立場因應，不能避實就虛，只表示尊重。

綜上所述，依照中華民國憲法的規定，兼顧大多數國人主張維持現狀的民意，個人認為，「九二共識」的表述，其內涵應該是這樣的：

1.兩岸是一乘一等於一的關係，非一加一等於二的關係，直言之，並非國與國的關係，而係分裂國家分治的關係。

2.我國的憲法是一中，故「一中」，於我而言係指中華民國。在未統一前，兩岸是分治，因此「九二共識」，是兩岸得各自表述的共識。

3．中華民國的存在是鐵的事實，我須堅持「各表」，有一中各表，才有中華民國實體的存在，而有中華民國的存在，始能立足於國際社會，否則國人就不可能持用「中華民國護照」，遊走世界。

4．依據中華民國憲法推動兩岸關係，「一中」，是憲法的目標。

5．堅持我們要有國際活動的空間。

6．兩岸和平發展達成的穩定關係，雖然基礎薄弱，應慎重維繫。

7．在外交方面，現階段除鞏固與邦交國的外交關係外，應推動與無邦交國的實質非正式關係。

其實中共堅持「九二共識」，要我認同「一中」，主要是要阻我不要走向台獨分裂。我堅持各表，是強調有中華民國的存在，而有中華民國的存在，為我可立足國際的基礎。近年來，在「九二共識」基礎下，中共對我一中各表的立場並未明示反駁，習近平與馬英九在新加坡的見面，雖不互稱主席與總統，實質上是兩岸領導人的見面，兩岸交流有此發展，實難能可貴。

第六節　兩岸磨合，政府應早日定調

兩岸要能和平發展，癥結在一中，我憲法是一中，依我憲法不能迴避，政府如不接受「九二共識」名詞，應早日定調，避免兩岸冷凍後，擦槍走火，引起台海戰亂。

二〇一六年五二〇政黨再輪替，蔡英文總統在就職演說中表示：一九九二年兩岸兩會進行溝通協商，達成若干的共同認知與諒解，我們尊重歷史事實，會在既有的事實與基礎上，持續推動兩岸關係和平穩定發展，政府會依據中華民國憲法，兩岸人民關係條例及其他相關法律，處理兩岸事務。依此表述，既認知兩岸兩會達成的共同認知與諒解，並強調尊重歷史事實，就此內涵而言，與「九二共識」相若，但蔡英文卻避開「九二共識」名詞，對其內涵作繞圈子的表述，留下模糊的空間，而「尊重」也者，隱含我不接受，但我尊重，故才有中共一再表示考卷未答完的訴求。

就民進黨而言，或者認為「九二共識」是國民黨與中共定調的名詞，不願採用，忽略此共識，乃兩岸自一九九二年開始會談以來，為僵硬的一中問題，從無共識到模糊，又進展到無言的默許，成為雙方容忍的互信基礎，不應該視為是國民黨的專用名詞，也不應視為是馬英九所創造。現中共既已定調為兩岸交流的基礎，以目前兩岸仍政治分歧，軍事對峙情形下，個人認為以不改弦易轍為宜，俾免喪失兩岸的互信，傷及穩定兩岸關係。唯由於現政府，無意接受一中意涵的九二共識的立場，且採取抗拒大陸施壓的態度，尤其有聯美日抵抗大陸的傾向，也引發中共降低對台交流，在國際打壓我國，致二〇一六年我參與國際民航組織（ICAO）、國際刑警組織，以非政府組織（NGO）觀察員名義，參與的聯合國氣候變化綱要公約（UNFCCC）締約方大會，中共均將我阻絕於門外。兩岸既有穩定基礎，已增添不確定因素，而同年十二月二日，蔡英文與美國總統當選人川普的直接電話通話，就引起中共的報復，促使聖多美普林西比於二〇一六年十二月二十一日，宣布與我斷交，並隨即於十二月二十六日，與中共復交。而逼奈及利亞於二〇一七年一月十二日，迫我代表處摘牌遷離首都，也使我與無邦交國家實質交流的前景，呈現危機。本年二月十九日報載，逾二百餘位台灣人，在西班牙涉及電信詐騙，將被遣送大陸，我出面交涉無效，就是一個最現實的例子。西班牙於一九七三年三月九日與中共建交，承認（recognize）「中華人民共和國政府為中國唯一合法政府」，並認知（acknowledge）「台灣是中華人民共和國的一個省」。報載，我駐西班牙代表處要求西班牙政府，依國籍管轄原則，將台嫌遣送台灣。唯吾人須知，只要中共不包容台灣的訴求，而向西班牙堅持「一中原則」，依國籍管轄原則，正好提醒西班牙無選擇餘地，依其認定的國籍，將台灣籍的人犯，遣送大陸。此淺顯的國際政治，政府無感，只表示對交涉結果，「不能悲觀，也不能樂觀」，予人有茫然的感覺，而二〇一七年的世界衛生大會（WHA）報名截止日期為五月八日，迄本書截稿日（五月一日）止，我仍未收到邀請函，中共要求世界衛生組織堅持一中，蔡英文迄今仍拒接受九二共識，筆者預判，我將不會接到邀請函，商請美國助我，美國將無能為力。按WHA我係以中華台北（Chinese Taipei）名稱，加入為觀察員，現中共逞一時之快，硬將我們阻絕，殊為不智。

然則，兩岸僵局至此，現政府不圖根本之道，說實在的，缺少兩岸得以容忍的九二共識基礎，在目前的國際政治環境下，外交部再多的努力，也是徒然，日後台灣只會越來越孤立。

第七節 踏實外交不宜躁進盲動

我當前的外交，受制於中共堅持九二共識，並無討價還價餘地。台美關係也受限中美間三個公報，及美國堅持與台灣維持的非官方，非外交關係，又兼顧協助台灣安全的台灣關係法。至台日及其他與我無邦交國家的關係，則受限於一中問題，故我不能有過多的幻想，輕舉妄動。尤其與美國的關係，更要沉潛持穩，不能躁進，以出人意表的舉措，逞一時之快。二〇一六年十二月三日的川蔡通電話，因當時川普甫當選，他是商人出身，為一素人總統，與蔡英文總統通電話後，造成台灣的困擾，也遭受中共的懲罰。未料事隔四個月，蔡總統於四月二十七日接受路透社訪問時，表示不排除與川普總統再次通電話，並表示要購買 F-35 戰機。十二小時後（台灣與華府時差十一小時），川普立即回話拒絕，並表示不願意讓習近平增加麻煩。

自川習兩人見面長談後，川普滿意溢於言表，自認已交到好朋友，而北韓的挑釁，川普商請習近平出面約束，川普表示習近平已答應，際此東北亞情勢緊張，瀕臨戰爭邊緣，促成中美會尋求合作情形下，我國安系統竟錯估形勢，不求沉穩應變，確保台灣的利益，竟讓蔡總統尋求外交的「奇襲」之舉，殊為不智。我當前外交處境如此，實不宜躁進妄動，逞一時之快。按蔡英文甫就任總統於出訪巴拿馬時，提出踏實外交的路線，望文生義，應是腳踏實地，步步為營，務實互利，拓展外交。

繼二〇一六年十二月二十一日，聖多美普林西比與我斷交後，蔡英文在主持國安會議中，對外交部門指示，要本著平等互惠的「踏實外交」原則，協助友邦發展，但不必與中共作金錢競逐，並表示兩岸的國際參與，彼此並無衝突，中共操作「一中原則」令人遺憾。而外交部長李大維也表示，聖國與我斷交與「九二共識」無關。須知在馬英九時代，在外交休兵下，由於中共的容忍，才有外交偏安，緩和了國際參與的彼此衝突，而中共已無數次重申，如無九二共識，「一切免談」的態度，出現聖國與我斷交，與九二共識無關的看法，顯然蔡總統及內閣迄今，仍然未意識到中共堅持的嚴重性。個人的看法，也絕非非要「九二共識」名詞不可，如從開始心存警惕，在不願接受「九二共識」名詞下，能早日與大陸溝通，尋求新的諒解，則不至於陷入今天外交動盪的局面。現偏安已八年的外交休兵氛圍已宣告結束，烽火外交的硝煙已升起，本年（二〇一七）三月六日，外交部長李大維在立法院質詢中表示，我在加勒比海的邦交國已呈現浮動，並指出與聖露西亞的邦交不穩，踏實外交將無寧日。惟筆者希望大陸勿藉機挖我牆角，引起骨牌效應，逞強權之勢，壓迫台灣在國際生存的空間，必造成台灣二千三百萬人民對大陸的敵意，將無助於兩岸和平發展。筆者也提醒政府，當前外交，應以維繫台海和平為先，不要破壞經多年努力，兩岸可以和平發展和交流的基礎，尤其一旦兩岸關係惡化，中共鷹派主張抬頭，依其反國家分裂法中列出之三要件，和平統一可能性完全喪失，也是其中之一，可以讓中共動武，以武力解決台灣的理由。一旦台海情勢緊張，對我而言，不必等血流成河，只要情勢惡化，則人心動盪，股票崩盤，資金外逃，外人投資却步，觀光客會將台灣列為危險地區而裹足不來，而一旦中共封鎖台灣，則我原油來源中斷，進出口貨物要保戰爭險，物資陷入虧乏，同時引發大陸人民之怒潮，拒買台灣產品，引發網際網路戰，在烽火燎原下造成我混亂，此等狀況為政者應有高瞻遠矚，相信大家均不願意看到此種情況的發生。

檢討過去，由於一中各表和外交休兵的理念獲得大陸的諒解，讓我外交得以偏安。在此期間，據消息報導，有多個我邦交國接觸大陸尋求建交，但大陸尊重我外交休兵的政策，未予接受。而二〇一三年甘比亞與我斷交，大陸也遲至二〇一六年始與甘國建交。而今，大陸忍讓的基礎已動搖，軍機和航母的繞台，文攻武嚇，敵意日增，我要和平或力抗？執政者必須放棄意識型態，及參與大國博弈的念頭，妥慎處理。

第八節　當前外交，應以維繫臺海和平，振興經濟為重

展望二〇一七年，新春伊始，個人認為我正面臨許多挑戰。川普美國優先保護主義的抬頭，勢必逼我縮小與美國双邊貿易的順差，要我開放含瘦肉精的美國豬肉，及有基因轉殖的農產品進口，而英國脫歐後歐盟主要國家，如法國、義大利及德國民族意識的抬頭，如大選中變色，會否脫歐銀，引起金融危機，均會波及我經濟。而面臨全球經濟已日見升溫，有普遍看好之際，兩岸却冷凍，蔡英文能否解套，爭取到更有利的兩岸和

平，藉大陸市場作為我製造業發展的動能，實不能等閒視之。

筆者認為，當前的外交，必須建構在兩岸能和平發展的基礎上，鞏固與邦交國的邦交，並致力加強與無邦交國家，包括美國和日本的實質關係，藉以配合國家的經濟發展，改善人民的福祉為重，不能以政黨的意識型態，或個人的算計，有聯美日，對抗大陸的意圖，捲入大國紛爭的漩渦。自二〇〇〇年以來，台灣經濟發展滯緩，而政黨鬥爭，擾擾不安，僑外投資却步，也引發國內產業外移，即令目前，如工業總會提醒的五缺問題，一例一休引起的困擾，環評的幾近刁難，使台塑、鴻海、燁聯的大型投資，將捨台灣而在美國設廠，甚至台積電也有在美國投資的意圖，台灣的遠景，本地的大企業並不看好，我又如何吸引外國的大企業來台投資？自二〇〇〇年以後，如與四小龍相比，其他三小龍持續進步，彼等已成龍成鳳，我却遙遙落後，卻喜以四小龍之一自喜。以二〇一五年為例，四小龍之國民所得，新加坡為五二二三九美元，香港為四二四一八美元，韓國為二七四一一美元，台灣只有二二二九四美元。如以二〇〇四至二〇一五年之成長作比較，新加坡國民所得增加三六一四一美元，香港增加一七七〇八美元，韓國增加一一二三一美元，台灣只增加六九〇六美元。台灣遙遙落後，韓國國民所得成長率比台灣多一・六二倍、香港成長率多二・五六倍、新加坡成長率多五・二三倍（請參閱附表）。目前情形，經濟低迷，勞工工資低，薪資所得倒退十六年，欲振興經濟，須以台海有和平為基礎，穩定兩岸關係，先求安內再攘外。尤其台灣的經濟發展，仰賴對外貿易的擴展，必須致力開拓國際市場，但今日我們面對的川普，是以美國優先；退出跨太平洋經濟夥伴關係協定TPP；北美自由貿易協定要重新談判；對與美貿易享有鉅額順差的出口國，要談判，並課以較高關稅制裁等，在逼我台幣升值下，勢將影響我製造業的生存，變數甚多，而日後發展，美國退出世界自由貿易的主角，中共已明言願當領頭羊的角色，在國際經貿領域，中共不但與美國已分庭抗禮，且後勢強勁，一帶一路的推動，已迅速擁抱歐亞非板塊，加上拉攏歐亞非各國及俄羅斯，已儼然形成歐亞非大板塊經濟發展動力的新盟主，於本年五月間將舉行之一帶一路國家高峰會，以亞洲投資銀行已吸納七十餘會員國及地區的規模，其聲勢將展現風潮。而川普就職後，退出跨太平洋經濟夥伴關係協定（TPP），已給中共可以參與的機會。在TPP原發起國智利邀請下，中共已於三月十四日至十五日，以觀察員名義參與TPP，於美國退出後之首次會議。中共除積極推動亞太自貿區外，更致力促成RCEP於二〇一七年完成多邊會談。日後在中共運作下，無論我參與RCEP，乃至與該等會員國洽簽自由貿易協定，在現政府不接受九二共識下，中共勢必會阻撓我與各國的談判，則台灣淪於孤立的可能，幾可預判。在此艱困情形下，一方面，我產業發展將受困，另一方面，我開拓國際市場又將受阻，我欲振興經濟的前景，其實並不樂觀。

再者，大陸已是我向外投資貿易的最大市場，自一九五二年迄二〇一六年五月止，我對大陸總投資額共一五八五億美元，佔我對外總投資的五九．四％，試問政府有否需要與大陸維持友好及良好的溝通管道，藉以保障我投資者？至我對外貿易，依行政院國家發展委員會統計的資料，二〇一五年，我對中國（包含香港）出口金額為一一二五．

八億美元，進口金額四六七．七億美元，順差六五八．一億美元，大陸已成為我最大貿易市場，且為最大順差來源國，其次才是東協十國，我出口總額共五一六．五億美元，為我出口大陸金額的四五．八％，進口二九一．一億美元，順差二二五．四億美元，為我第二大外貿順差來源國。我貿易第三大國為美國，出口三四五．五億美元，順差五三．五億美元，至日本為我出口的第五大市場，出口一九六億美元，進口三八八．七億美元，逆差一九二．七億美元（請參閱附表二），依此統計顯示，大陸對我經濟振興非常重要，假設台灣經濟獲得復甦，我製造業及農漁產品，也需要大陸市場，但長期以來，甚多民進黨人士對此最大的伙伴及順差如此大的來源國，却以不屑的態度對待，任令兩岸關係冷凍，此不合邏輯的思維，令人無法瞭解。

筆者謹提供政府統計資料，供國人參考。

附表一：
2004～2015 年亞洲四小龍平均每人 GDP 比較表
單位：美元

年（季）	台灣	韓國	新加坡	香港
93 年	15,388	16,180	26,098	24,710
94 年	16,532	18,866	28,343	26,514
95 年	17,026	21,131	32,027	28,201
96 年	17,814	23,294	38,029	30,715
97 年	18,131	21,037	39,638	31,750
98 年	16,988	18,601	38,752	30,793
99 年	19,278	22,302	46,549	32,673
100 年	20,939	24,376	53,017	35,248
101 年	21,308	24,651	54,585	36,926
102 年	21,916	26,264	55,557	38,424
103 年	22,648	28,202	55,634	40,264
104 年	22,294	27,411	52,239	42,418

附表二：2015 年對主要貿易國家或地區之貿易
單位：美元

國家/地區	出口		進口		出超/入超
	金額	構成比	金額	構成比	
中　國	1125.5	39.4	467.7	19.7	658.1
東協十國	516.5	18.1	291.1	12.3	225.4
美　國	345.5	12.1	292.0	12.3	53.5
歐洲國家	259.7	9.1	285.0	12.0	-25.3
日　本	196.0	9	388.7	16	-192.7
新加坡	128.8	4.5	134.5	5.7	-5.7
韓　國	174.1	6.1	71.8	3.0	2.3

駐：東協十國扣除新加坡後其餘九國，出口總額為 342.4 億元

第九節 無邦交國家的非正式關係

中華民國在國際社會的處境，是很特殊的案例。兩岸的憲法均主張一中，中國代表權的問題在聯合國纏鬥，造成今日「中華人民共和國政府為中國唯一合法的政府」的局面。

在聯合國組織體系內，包括其直屬機構和直屬機構的外國組織，悉由中國代表，而台灣在聯合國體系內所有文書，均以「台灣，中國之省」或「台灣，中國」表述。

自一九七一年以後，凡與中共建交者，均以此罩門要求對方接受，並納入建交公報中，包括美國也在內。國內不識之士，譴責使用「中華台北」（Chinese Taipei）為喪權辱國，要求使用國名或台灣。

其實，在國際法的範疇，我是可以使用國名或台灣，但長期以來，政府疏於此認知，外交事務部門及國際法學者，也鮮少探討，為了國家的前途，政府應予重視。

按無邦交國並非敵國，可建立非正式關係。

在國際社會中，一個未被承認的國家（Unrecognized State），為了與其他國家交流，或參與多邊國際事務，須建立非正式關係（Informal relations）及參與多邊國際組織活動。此種非正式關係，可經由簽訂雙邊條約或協定，或參與多邊的國際會議，或簽署多邊的國際條約或協定，在國際法的範疇，如 Moore, International Law；Hack Worth, Digest of International Law；Bishop, International Law, Cases and Materials, 均有論述。此等未被承認的國家，係指經革命成立的新政府或分離獨立的新國家，要與其他國家建立關係，必須先經其他國家給予外交承認（diplomatic recognition），建立外交關係（diplomatic relations），參與雙邊和多邊的正式國際活動。至未被正式外交承認的國家，在國際社會中，並非敵國，只是尚未被承認，依國際慣例，仍然可與其他國家建立非正式關係，從事實質交流與活動。在多邊國際會議及多邊國際組織中，接受或同意未被承認國家的參與，只要有明確的聲明，表示不構成承認前提下，可與未被承認的國家從事實質經貿文化等的交流，簽署協議，也可讓未被承認的國家參與國際會議，簽署多邊協定及參與多邊國際組織。在國際社會中，有關的案例很多，但很可惜，自從我國於一九七一年退出聯合國，繼許多國家先後與我斷交，國際活動空間受到壓縮，雖然致力推動經貿文化等實質交流，但參與國際多邊的組織或會議，仍遭阻礙，有待我國在國際法範疇下，建立適法的論述，據以運用在非正式關係下，參與國際事務。

各國與未被正式承認的國家來往，從事締約或參與國際組織或會議，為釐清不給予外交承認的事實，通常均會在每一事項中，於事前或事後聲明，或在簽署文件中表述，正式明示，將不構成承認的事實。

如此安排，已是國際慣例，可惜我國際法學者及政府，並未認真去探討。回想當我去拜訪聯合國國際法庭小田茲法官時，他曾善意指出，台灣的國際法學者為台灣利益積極辯護的不多，他認為可惜，他同時指出，日本約有十位知名的國際法學者，長期為日本的利益辯護。

國際間，無邦交國家參與國際事務的先例如下：

一、第一次世界大戰結束後，引起戰俘及難民遣送問題。一九一九至一九二〇年間，當時英國、法國、比利時及丹麥均尚未承認俄國，彼等均先後與俄國簽一系列遣俘及難民條約及協定，並付執行，但英、法、比、丹四國均不認為簽約就構成承認。

一般而言，兩國簽訂條約，無論如何，即構成承認的事實，如 Whiteman 在其所著 International Law52(1963) 就明示：" The conclusion of a bilateral treaty normally however, does constitute recognition "但如果當事國公開聲明，或在文件中明示，簽署該條約或協定，或參與會議將不構成承認的事實，則另當別論，不構成外交承認。

二、最明確的例子，莫如邀請中共參加一九五四年為結束韓戰與中南半島問題的日內瓦會議（Geneva Conference 1954）。由於結束韓戰及中南半島問題的和談陷於膠著，如果沒有中共參與，註定無法解決韓戰，而中共參與韓戰，曾被聯合國譴責為侵略者，為處理此尷尬問題，英、美、法、俄四國外長於一九五四年柏林會議中，決定邀請中共參加日內瓦會議。於是四國外長於一九五四年二月十八日，發表四國聯合公報（quadripartite communiqué），聲明此項邀請乃至參與會議，不能視為構成外交承認的事實，無論如何，它（中共）尚未被外交承認。（"It is understood that neither the invitation to, nor the holding of, above-mentioned conference shall be deemed to imply diplomatic recognition in case where it has not already been accorded."）。由於獲得此項邀請，中共順利參與日內瓦會議，與英、美、法、俄四國平起平坐，但不構成外交承認。

三、對於多邊條約，尤其是開放性的條約，一個未被外交承認的國家或政權（regime）要加入簽署，並不意謂可據以獲得其他簽署國的承認。一九六三年的禁止核試條約（The Nuclear Test Ban Treaty）簽訂後，美國希望中共能加入簽署，其時中共尚未被美國承認，美國參議院外交委員會，於一九六三年八月十二日之備忘錄中，針對任何美國未予外交承認的政府加入簽署，是否構成承認乙節，國務院法律顧問書面表示：國際法已清楚，一個未被承認的政權（regime）加入開放給一般國家加入的多邊條約，不會引起援引為承認的問題（原文如下"In international law, the governing criterion in determining recognition is intent…It is…a well-established proposition of international law that participation with an unrecognized regime in a multilateral treaty open for general adherence does not give rise to such an implication of recognition…"）美國務院即秉持此立場，並進一步表示，在普遍性多邊條約架構下，美國甚至可與加入之未被承認的政權來往，不因此構成承認。（"The United States has also taken the position that, within the framework of a general multilateral treaty, it could even have dealings with a nonrecognized regime without thereby recognizing it…"）。

又如存放於瑞士的一九四九紅十字會暨戰俘日內瓦協定（the 1949 Geneva Conventions on Red Cross and Prisoners of War），瑞士政府接獲五個未被美國政府正式承認之政府加入，美國政府針對該五個未被承認的政府之加入，照會瑞士政府，認知（acknowledged）該未被承認之政府的加入。相同的例子如約旦（Trans-Jondan）之加入國際民航協定（International Civil Aviation Convention），當時約旦尚未被美國承認，美國於收到約旦加入之書面照會後，為表明美國政府的立場，於是在其致國際民航協定其他會員國的書面照會中，明白表明美國尚未給約旦政治承認（Political recognition），因此約旦之書面申請加入，不能認為美國已給與約旦政治承認。

綜看上述各例，在國際法上，任何國家與一個尚未給外交承認的國家或政府，共同參與國際條約或協定，或一同參與國際會議，只要做明確表示不能構成外交承認，即符國際法。此等先例，我可據以援用，實際上我有很大的空間可推展非正式關係。

說明

緬甸於一九四九年十二月承認中共與我斷交，因毗鄰中國，緬中關係密切，故與台灣疏遠。

在民國八十年代，政府也無心拓展與緬甸關係，

致本人於民國八十三年八月二十九日至九月二日率團訪問緬甸，

竟成為多年來，台灣首次有官方訪問團，

且為訪問緬甸層級最高的官員，順利簽署漁業合作備忘錄。

第三章

訪問緬甸洽商漁業合作

第一節 主動出擊，尋求漁業合作

緬甸位於中南半島之西部，西臨孟加拉灣及安達曼海，具有天然優良港灣，海岸線綿長，漁業資源豐富，為一良好之拖網作業漁場。

民國七十七年，我國漁業業者透過新加坡及香港等第三國民間公司，與緬甸國營漁業公司進行合作，當時有三十二艘拖網漁船參加合作，赴緬甸海域作業。

核准之漁場以北緯十六度以南海域為主，因資源量較沿西岸者為低，加上船長對當地漁場陌生，漁獲成績並不理想，因此作業一季後即撤離該漁場。

我國遠洋拖網漁船，大部份集中在印尼水域作業，印尼漁場一旦發生變化，對拖網漁業影響甚大，故有必要尋求預備漁場，分散作業。

筆者當時有此種強烈的看法，經與業者交換意見，認為緬甸水域不失為一個理想之漁場，雖然業者曾在緬甸合作遭受失敗，但加強合作，爭取更佳作業條件及較佳之漁場應仍有可為。

當時我身兼對外漁業合作發展基金會董事長，乃於八十二年六月，派員考察緬甸，並拜會緬甸畜牧及漁業部，就漁業合作之可行性交換意見，並提出事先備妥之架構性漁業合作草約，但由於我方考察團成員層級不高，無法就漁業合作之決策性問題提出訴求，故對草約之簽訂未有突破。

另一方面，我於八十二年以農業委員會副主委名義，主動出擊，函緬甸畜牧漁業部部長，建議兩國進行漁業合作，由我方協助緬方發展漁業。

緬甸漁業署長代畜牧漁業部長之覆函中，表示對雙方漁業合作有興趣，並邀請我以副主委名義訪仰光，我乃覆函要求對方，提供合作方式、條件等資料，但對方未有回音，因此在漁業合作未具體之架構下，無意訪緬。

次年（八十三）年五月間，緬甸畜牧漁業部前副部長 U Aye Zaw Win 等人，應民間公司之邀請來華作私人訪問，曾拜會農委會，我在接見時，雙方就漁業合作交換意見，我特備函請彼帶交部長，表示在緬方承諾可簽漁業合作協議前提下，我會率團往訪。二個月後終於促成緬方來電邀請筆者率團於七月赴緬訪問，我延至八月底始前往。

第二節　闡釋無邦交國非正式關係理念爭取簽約

訪問團訪問期間，先後拜會貿易部部長 Htun Kyi 中將、能源部部長 U Khin Maung Thein 接見，副部長 U Tin Tun、司長等人陪見，繼拜會國家計畫暨經濟發展部部長 David O Abel 准將，畜牧漁業部漁業署署長 Kyaw Lwin 等，在拜會各部中，我就國際已有之先例，說明無邦交國家並非敵國，與無邦交的國家來往，可建立非正式關係，即使簽署議定書或備忘錄，只要當事國聲明，將不構成承認，均符合國際法，藉以消除緬甸政府的疑慮。

同時舉我國與越南政府高級官員往來之情形，並說明中越兩國已互設辦事處，我方在河內設台北經濟文化辦事處，而越方在台北設河內經濟文化辦事處，我經濟部長曾率龐大代表團訪河內及胡志明市，雙方經由經濟文化辦事處簽訂有投資保障協定，我國商人在越南投資已達十七億美元，當時之投資額成為外國人在越南最大之投資國。緬甸政府可比照在台北建立具官方性質之辦事處，此辦事處應有政府機構之實質，推動雙邊關係。同時我也特別指出，由於緬甸位居南亞要津，天然資源豐富，人力資源也豐沛，台灣工商企業界企望能在緬甸投資，此次本人率團來訪，獲各部會友好接待，本人獲此鼓勵，願意推動雙方之合作。

事實上，這次訪問緬甸，我政府曾指示本人順便面洽雙方建立實質關係之可能性，故我把握機會爭取緬方的認同。貿易部長聽取我詳細的說明後，表示緬甸之情況與越南不同，對中共之關係有所顧忌。

再說，緬甸目前仍受西方國家之制裁，因此必須與中共維持良好關係。

我再進一步聲明，北京亦承認台灣與其他國家之實質經貿關係，東南亞國家與台灣維持有密切之實質關係，我國有與緬甸加強關係之意願，歡迎緬甸政府官員或民間人士訪華。經連日開釋及說明我與無邦交國家實質來往之情形，我特別表示並不違反國際法的範疇。由於我的態度誠懇，出發點是推動雙方進行農漁經貿合作，而他們也認知，如推動合作對緬甸會有助益，故經連日拜會說明後，多少淡化緬甸官員的顧忌，故我的答謝晚宴，接見我拜訪的各部部長均欣然參加，氣氛也融洽。

不入虎穴，焉得虎子。

訪問緬甸提出雙方漁業合作協定，鍥而不捨，於短短三日後，終獲緬甸軍事執政團同意，指示由貿易部出面與本人以農委會副主任委員名義簽署。

據緬甸漁業署長表示，該署僅執行漁業政策，而不負責簽約。

嗣又獲告，簽訂協定技術上有困難，宜簽備忘錄，緬方決定由貿易部長授權貿易署署長 Kyaw Myint, Director General, Directorate of Trade 出面代表簽署，經修正的約本，由協定改為備忘錄，我鑑於緬方確有進行漁業合作的意願，備忘錄合作內容，確也符合雙方互利的原則，故我接受與 Kyaw Myint 署長，於九月二日下午簽署。

簽妥後，我訪問團即直奔機場搭機返台。由於筆者在農委會負責督導漁業及生態保育，深知我依靠遠洋漁場捕漁的漁業，為掌握漁場，必須與漁源國合作，故始終堅定我漁業界走上國際。

與緬甸簽署漁業合作備忘錄後，高雄遠洋漁業界李文章，曾特別向日本購進三千六百噸的加工船，擬以搭配其他小船捕魚方式入漁，但駛往緬甸作業，因計畫不健全，在漁獲量不足情形下，船上加工裝罐不順利，故經短期作業，因虧損，退出緬甸漁場。可惜筆者屬意的拖網作業漁船並無前往，故漁業合作又告中斷。

說明

菲律賓於一九七五年六月九日與中共建交，菲政府並宣布廢止前與中華民國政府簽訂之友好條約及其他一切官方協定。一九九一年七月七日，在台北簽訂之台菲海道通行協定暨農漁業合作備忘錄，係由農委會邱茂英副主委與菲律賓總統府助理文官長兼南中國海漁業糾紛委員會主席魯西拉，雙方以國家官署代表名義簽署，此範例可作為推動無邦交國非正式關係的模式。

第四章

臺菲簽官方協定獲突破

第一節　協定暨備忘錄的商談

在民國八十年代，政府重視南向政策，有關部會也認真推動，故我國與菲律賓的關係，雖無邦交，但尚稱友好，故農委會積極推動與菲律賓進行農漁業的合作。一九九一年五月，農委會邱茂英副主委率團，赴菲律賓洽商台菲漁業糾紛及漁業合作事宜，約定於七月，菲方派團來台北進行第二回合具體合作內容談判。

菲總統府特於六月二十六日，發布命令，指派總統府助理文官長兼南中國海漁業糾紛委員會主席魯西拉（Robert Rafael V. Lucila）為團長，率團來台與我談判，團員包括農業部副部長 Benito Q. Bengzon，移民局副局長 Jorge V. Sarmiento、菲海軍司令 Jose G. Agudelo、天然資源部測量署署長 Renato B. Feir、總統府法律顧問 Martin M. Ocampo、駐華代表處代表 Joaquin R. Roces 等九位，而我方代表團由農委會副主任委員邱茂英率原參加第一回合會談之團員，包括內政部王司長杏泉、經濟部國際貿易局徐副局長朝齡、國防部海軍總部作戰署黎署長克恕、法務部林副司長錫堯、外交部條約司程科長其蘅、亞太司廖科長港民、施秘書議渾、駐菲代表處陳秘書杉林、農委會漁業處李處長健全、海洋漁業科陳科長再發等共十四人。雙方於七月三日起，在世貿大樓國際會議中心進行談判，在實質合作內容方面，洽談順利，但菲方對簽訂政府間具官方性質之協定有疑慮，致形成對實質合作，雙方有意願，官方協定恐簽不成的困局。

第二節　開釋菲方，簽署官方協定

台菲會談進行到第三天（七月五日）下午，筆者大學的同班同學外交部亞太司司長林永吉大使打電話給我，告訴我菲方對簽署官方協定有疑慮，台菲漁業合作簽約恐無法突破，希望我協助他，就我熟悉的國際法範例，說服菲方代表團團長魯西拉，以官方名義簽署協定。老同學要我相助，自然義不容辭，但當時筆者並非漁業的督導者，也不方便告知邱副主委，只能私下協助。當晚六時，我趕赴凱悅大酒店，闢室與林司長及魯西拉晤談。當我提到國立菲律賓大學培養許多法學人才，而你（魯西拉）是菲大的法學博士，而我曾於一九六四年二月至五月，曾赴馬尼拉參加菲律賓大學與耶魯大學合辦的亞洲第一屆國際法研習會，由於有此經歷，一時顯得見面就有三分情。當我們談到台菲無邦交，如何簽訂具官方性質的雙邊協定問題時，我委婉的向他說明國際法的範疇有例可循。於是我向他解說無邦交國家的非正式關係（參閱本書第二章第九節無邦交國家的非正式關係），表示無邦交國並非敵國，可建立非正式關係。在國際社會中，一個未被承認的國家為了與其他國家交流，或參與多邊國際事務，須建立非正式關係（Informal relations）從事實質交流與活動或多邊國際會議。此種非正式關係，可以國號及官方機構名義簽訂雙邊條約或協定，或參與多邊的國際會議及國際組織，或簽署多邊的國際條約或協定。國際法學者，如 Moore, International Law；Hack Worth, Digest of International Law；Bishop, International Law，Cases and Materials 均有論述，同時我也舉各種案例供他參考。此外，我也誠懇的表示，在亞洲各國中，對國際法的研討，國立菲律賓大學頗具名望，不妨將我個人的看法諮詢國立菲律賓大學，由於我的說明引經據典，提供國際法學者之專書，並舉各種範例，因此他也頗能接受，於是我向他建議：

一、無邦交國可用國家官署名義簽訂協定，此次會談建議就以官方名義簽訂。

二、由於菲國與大陸有邦交，如欲避免涉及承認問題，可考慮：

1．簽署前，菲政府可聲明，簽署本協定不能視為外交承認。

2．或在協定中明訂，本協定之簽訂，不能視為外交承認。

3．或簽署後由菲國總統府或外交部發表聲明，指明本協定之簽訂，不能視作外交承認。

我們誠懇的說明及明確的建議，魯西拉頗能瞭解。基於台菲是鄰邦，雙方期盼進行農漁業合作，而菲律賓在雙方進行合作的基礎上，願意在呂宋島北端諸小島間，劃出二條海道，去程海道（Outbound Sea Lane）與回程海道（Inbound Sea Lane）分開，供我赴南太平洋作業的漁船無害通過往返，此安排一方面可節省航程，一方面又可避免被菲律賓視作「疑似侵入菲國領海捕漁」而遭扣捕，我與林司長均坦率表示，希望促成本次談判，於達成協議後，簽署官方協定，我們也表示將協助支持與菲國的農漁業合作。

三人闢室密談，相當有建設性，魯西拉傾向於符合我們的看法，故當晚的交談頗為愉快。意見溝通清楚後，轉為閒話家常，至十時許，我與林司長才告退回家。

林司長，魯西拉及我三人會談後次日（七月六日），雙方談判順利進行，至七日，雙方達成協議，「海道通行協定暨農漁業合作備忘錄」終於正式由「中華民國行政院農業委員會副主任委員邱茂英率領的代表團代表之政府，與菲律賓共和國總統府助理文官長暨南中國海漁業糾紛委員會主席魯西拉率領的代表團代表之政府」，雙方以國名及官署名義簽署，並由中華民國外交部亞太司副司長李滋男及菲律賓共和國駐台經濟暨文化處（駐台代表處）主任Joaguin R. Roces二人作見證，成為我與無邦交國家簽署官方協定的首例。故農委會於簽署後次日，於呈報行政院簽呈中，特別指出：「尤以此協定為兩國官方代表簽署之政府間協定，係我務實外交之重大突破，深具意義」。然則，何以有此突破，個中秘辛，由於林水吉司長及我，均未對外言宣，故農委會並無人曉得有林司長約魯西拉及我三人密商，獲得突破困局的密會，同時外交部也未將此案例，何以能打消菲方簽署官方協訂的疑慮作深入瞭解，也未將此案例作為模式，加以運用，而林司長於次年（八十一年十月）夏外派駐越南代表，由於我與林司長當時未留下會談紀要，故外交部如要瞭解，也無可考。

無邦交國家是有廣闊的空間，可以使用國名及官署參與國際會議及國際組織，也可以簽訂雙邊及多邊國際協定。但誠如我於一九九〇年三月拜訪聯合國國際法庭小田茲法官時他表示的看法，台灣的國際法學者鮮少為自己國家的利益作長期辯護，或創造有利的法則去突破，這是很可惜的事。

台菲「海道通行協定暨農漁業合作備忘錄」英文本雙方官署代表之原文如左：

Agreement on Sea Lane Passage

And

Memorandum on Agriculture and Fisheries Cooperation

The Government represented by the delegation headed by Honorable Mau-Ying Tjiu, Vice Chairman, Council of Agriculture, Executive Yuan, Republic of China, hereinafter referred to as Party A and The Government represented by the delegation headed by Honorable Roberto Rafael V. Lucila, Assistant Executive Secretary, Office of the President and Chairman of the South China Sea Fisheries Disputes Committee, Republic of the Philippines, hereinafter referred to as Party B.

N·E
S·W
E
S
S·E

說明

美國於二〇〇三年底，發生狂牛症疫病，我循國際畜疫協會之規則，依「動物傳染病防治條例」之規定，公告美國為疫區，

一旦公告，疫區之牛肉及其製品，即不得進口，但政府未守法。

日本為狂牛病疫區，其進口美國牛肉之限制，卻比我嚴格，何以如此？

為何不採日本模式進口？

進口美國牛肉之談判，係由駐美代表處主導，由衛生署越俎代庖擔綱，造成美國一手主導，

有大人欺小孩之嫌，農委會放棄動物傳染病中央主管機關之權責，

致進口管理之漏洞甚多。

狂牛病係「牛海綿狀腦病」，本文之內容，當時曾送政府參考。

第 五 章

美國狂牛病牛肉輸臺風波

第一節　臺美簽署進口美國牛肉議定書

二〇〇九年十月二十二日，我駐美國代表袁健生與美國在台協會執行理事長施藍旗（Ms. Barbara J. Schrage），於華府簽署進口供人食用美國牛肉及牛肉製品，關於牛海綿狀腦病相關措施之議定書（Protocol of Bovine Spongiform Encephalopathy（BSE）-Related Measures for the Importation of Beef Products for Human Consumption from the Territory of the Authorities Represented by the American Institute in Taiwan（AIT）of October 22, 2009）規定三十月齡以下帶骨牛肉、絞肉、加工肉品，去除特殊危險物質、中樞神經系統、機械取下的肉屑可輸台。由於事先未經溝通，國人對狂牛症之風險評估未明，致造成消費者疑慮，不分政黨之立委及地方政府也公開反對，國安會因米已成飯，且以「議定書」協議呈現，又以學術觀點認為依照國際法，議定書效力高於國內法，所以不能禁止進口，但可做衛生管理，我們在國際上不能沒有誠信等」，擺明要強渡關山。在沸沸揚揚局面下，立法院於二〇一〇年一月五日，修正通過《食品衛生管理法》修正案，其中第十一條明定「雖非疫區而近十年內有發生牛海綿狀腦病或新型庫賈氏病例之國家或地區牛隻之頭骨、腦、眼睛、脊髓、絞肉、內臟，及其他相關製品均不得進口」。此舉，我國內法已否定該議定書之內容，但負責談判之官員因對動物傳染病疫區之管制及國際規範認知不足，只求鄉愿式之誠信而委曲求全。針對議定書事件，包括宜否提升層次簽訂，宜否放寬防止狂牛症傳染病入境之規範，乃至議定書之內容，值得檢討及商榷之處甚多。

第二節　依動物傳染病防治條例之規定，應禁止進口

為防止牛海綿狀腦病藉由動物或其產品輸入而入侵我國，危害人及動物健康，行政院農業委員會於民國七十九年，英國發生牛海綿狀腦病之初，即持續監視該病之全球疫情，並陸續公告該病疫區國家（計有英國、愛爾蘭、法國、瑞士、葡萄牙、荷蘭、比利時、盧森堡、列支敦斯登、丹麥、西班牙、德國、義大利、捷克、希臘、日本、斯洛伐克、斯洛維尼亞、芬蘭、奧地利、波蘭、以色列、加拿大、美國等共二十四國），禁止自該等疫區國家輸入牛、羊、肉骨粉、肉粉、骨粉、禽肉粉、血粉、動物飼料用油脂、動物飼料用油渣、血清等。美國於二〇〇三年底發生狂牛症，我立即列為疫區並中止美國牛肉進口。自二〇〇五年，我政府漠視法令規定，宣布開放美國牛肉進口後，不帶骨牛肉順利輸台，且逐年成長，二〇〇九年達二三，八〇七公噸，占進口牛肉總量二九．七％，但對帶骨牛肉及其他產品，則拒絕進口。依規定，美國為狂牛症疫區，我已放寬防疫門檻，開放進口其不帶骨牛肉，但禁止進口帶骨之牛肉及內臟等產品。非狂牛症疫區之國家，如紐西蘭及澳洲，即禁止進口美國牛肉。韓國政府開放進口美國牛肉，引起韓國人民之暴動，日本為狂牛症疫區之國家，採取較我更嚴格之規定，且採取境外檢疫措施，要求美國每頭牛必須檢查，且進口之美國牛肉只限制在COSCO量飯店販售，但我則未遵守動物傳染病防治條例之規定，採寬鬆條件同意進口，寧甘冒風險，採「三管五卡」即管源頭，管離境，管市場三管及核對證明文件，食品安全檢驗，資訊即時查明等五卡

檢驗手段，在入境後防疫，違背農委會長期執行，在產地即嚴格管理防疫之原則。此種措施與動物傳染病防治條例規定之精神與手段不符，何況肉商進口美國牛肉，每隻四十呎冷藏貨櫃約有八百箱，而進口商進口牛肉，動輒每批約進口三至五隻貨櫃，我要動員多少檢疫人員查驗？以目前國內衛生署官員及海關檢疫人員，又無人受過狂牛症檢疫訓練，可能未見過狂牛症病体變異性蛋白普里昂（PRION），即使有，也不可能開箱檢查時，憑肉眼就可看出。在電視上看到檢疫官員蹲在地上，開箱檢查，單憑肉眼，焉能查驗？看他們很認真，其實是自己愚弄自己。即令將標本攜回檢驗室檢驗，也曠日廢時，延誤冷藏櫃提領，引起糾紛。我法律規定可拒予入境不求，寧讓商品入境，再大費周章防疫，做做樣子，令人費解。

第三節　從疫區進口我可從嚴認定，但我未堅持

一九九六年，英國發生牛隻感染狂牛症，其後歐洲國家相繼發生。美國於二〇〇三年，在其境內未發生狂牛症以前，即採取嚴格措施，禁止狂牛症國家之牛肉及其產品輸入。我國也立即採取禁止疫區牛肉產品及肉骨粉，骨粉，血粉等輸入。嗣美國於二〇〇三年底，發生狂牛症病例，繼於二〇〇五年六月及二〇〇六年三月陸續發生，美國遂積極推動疫區非傳統之區分認定，在其壓力下，國際動物衛生組織將狂牛症疫區區分為：

1．風險可忽略區（Negligible BSE risk）；

2．風險已控制區（Controlled BSE risk）；

3．風險未定區（Undermined BSE risk）。

其中風險可忽略區（即非疫區）採寬鬆檢測，至風險已控制區（即我認定之疫區），則採嚴格檢測。美國遂以風險已控制區之區分，要求國際動物衛生組織接受美國牛肉是安全的，該組織於二〇〇七年五月卒給予認定。惟所謂美國牛肉是安全者，依世界動物衛生組織之（陸生動物法典）（OIE Terrestrial Animal Health Code, OIE Code）之規範，安全之牛肉係指不受疫區狀態影響之牛類產品，另一類屬規範產品除去骨牛肉，牛皮、牛油、動物膠原、精液、胚胎、血液製品磷酸鈣外，其他具有特殊風險者，仍受限制。例如牛腦、眼、頭顱、依議定書之內容，三十月齡以下牛隻，在進口商未下訂單輸入者（形同走私）一旦被發現，衛生署得將其退回（議定書原文三十月齡以下牛隻之腦、眼、頭顱或脊髓雖非特定風險物質或食品安全危害，在進口商未下訂單輸入至駐美國代表處所代表機關之領域的情況下，如前述產品於駐美國代表處所代表之領域之邊境查驗時被發現，駐美國代表處指定之代表行政院衛生署得將其退回。）易言之，若有訂單，即不能退貨。以牛腦、眼、頭顱、脊髓具有較高風險，在美國又屬「垃圾」，並非美國人之食物，我為何要接受？依我動物傳染病防治條例之規定，根本是禁止輸入之產品，主管機關是農委會，何以行政院衛生署要跳出來擔綱？。一九九七年三月十九日，台灣發生口蹄疫之前，台灣為非口蹄疫疫區歷六十八年，筆者在農委會任內，積極要求美國依國際衛生組織公告我為非疫區之事實，同意我豬肉及加工之肉鬆、肉乾等可輸入美國，但美國自始至終不同意，致我國人攜帶豬肉鬆等入境，均在美國入境海關時被查扣，即令我為非口蹄疫疫區，美國尚敢堅拒，今美國為我政府公告之狂牛症疫區（九十九年十二月最新公告仍列為疫區），為何對風險因子高之牛腦等垃圾食物，我卻不敢拒絕？對維護國人健康而言，動物內臟含有高量膽固醇，國人十大死亡病因中，與進食過量動物內臟有關者有半數，衛生署未予阻擋，多少令人詫異。

第四節　動物傳染病管理與食品衛生管理應有別

此次美國牛肉議定書事件，依議定書標題所示，旨在釐定「牛海綿狀腦病相關措施」。依此議定書，國內主管機關應為動物傳染病防治主管機關行政院農業委員會，而非行政院衛生署。農委會主管疫區之公告，疫區牛肉及牛肉製品之輸出入規範，查驗產區出口牛肉之牧場及加工廠，負責與世界動物衛生組織之聯繫並派駐代表，乃至與出口國協商等，但未知何故，在此次台美協商中，農委會却放棄中央主管之責。一九九六年阿根廷牛肉輸台，同意巴拉圭牛肉進口，一九九八年結束加入 WTO，與美國協商牛肉、雞肉、豬腹脇肉、內臟等談判，悉由農委會主導。與美國結束 WTO 談判，當時筆者為主談人，因有畜牧處幕僚參與，故過程平順，內容符合國際規範，未有瑕疵，也不損害我畜牧業及農民之期待。而此次竟以單純「食品」看待，忽略係涉及「牛海綿狀腦病」有問題之牛肉（即有疫病問題之食品）之進口，由衛生署出面，致衍生諸多防疫方面矛盾又開創國際規範外，獨樹一格之規範。多年來，農委會處理牛肉之進口，堪稱順利，如一九九六年與阿根廷諮商牛肉輸台事，係由農委會當時之畜牧處副處長程中江赴阿根廷談判，未勞師動眾，由其代表我國與阿方順利談妥簽訂備忘錄，完成任務簽訂之備忘錄也順利執行。農產品種類何其多，僅僅是有問題之牛肉產品，實不必提升到所謂等同條約之「議定書」層次來處理，惹來那麼大的風波，殊不值得。

第五節　議定書所規範措施漏洞百出

1. 議定書第四條，任何設立於美國在台協會所代表機關之領域內，並在美國指定之代表農業部查核下運作之肉品工廠，均有資格為駐美國代表處所代表之領域生產牛肉及牛肉製品。按以往牛肉生產國欲將其牛肉出口至台灣，均先由農委會派專家，赴出口國查核畜牧場、屠宰廠，評定是否合格，列入合格屠宰場者，始可供應牛肉出口。但本議定書放寬為任何設立於美國領域內，並在美國農業部查核下運作之肉品工廠，均有資格出口。我大方放棄以往之先行認定，經詳鑑合乎條件者，始可出口嚴格把關之制度。

2．議定書第八條規定牛肉及牛肉製品來源須在美國出生與飼養之牛隻；我認可之可出口牛肉或牛肉製品至台灣之國家或屠宰前在美國飼養至少一百天之畜養牛隻。按前兩項要件尚屬合理清楚，何以第三個要件未規定來源，只要屠宰前在美國飼養至少一百天畜養牛隻就可以？如是，墨西哥與巴拿馬均非狂牛症及口蹄疫疫區，其活牛只要進入美國飼養一百天，就具有外銷台灣資格，實不必賦予美國肉商擴大商機之機會。

3．議定書第十六條規定，我海關偵測到進口之「一批」（a lot）牛肉或牛肉製品含有食品安全危害，我得拒絕該批進口。但對生產之工廠我未禁止其再出口，責由美國農業部查驗改善無虞後，我再同意。防疫基本要求，本是滴水不漏，我方僅得要求美方採適當矯正措施，且在美國官署採取矯正措施期間，該工廠仍具出口資格，我只能在該工廠產品抵台時提高查驗比率，且要求我「對指定提高查驗比率之同一肉品工廠之同一產品，查驗五批且總數量超過前次不合格貨品之數量三倍或以上，皆未發現食品安全危害時，駐美代表處指定之代表應恢復標準之查驗程序及比率。」我為防杜狂牛症之傳入，不求阻擋於境外，反而開天窗，而在海關於進口牛肉及牛產品到岸時，做苦工查驗，而海關查驗人員，並未接受查驗狂牛症肉品之訓練，用雙眼也不可能看出狂牛症變異性蛋白普里昂，又設定難以達到目標之條件，此項措施，真何苦來哉，本來就可以不接受。

第六節 出口工廠被中止出口後，仍有漏洞

第十七條規定我對同一肉品工廠生產之不同批肉品發現至少二起之食品安全危害案例，得要求美國勒令中止該肉品工廠出口。在接獲上述要求後，美國農業部應中止該工廠出口。但該工廠在中止前已獲核准出口之牛肉或牛肉製品，仍可繼續接受進口查驗。此規定不合理，為防杜漏洞，任何工廠出口之肉品，如發現有食品安全危害之情形，即應中止該工廠之出口，不應忍受至少二批。此根本違背國際間防疫的規範，按一般而言，進口國一旦發現出口國之肉品有病毒，該批肉品全部退運外，例皆中止進口該出口肉品工廠之出口。蓋同一工廠生產不同批之肉品，要我能在不同批出口之肉品中，發現二起之食品安全危害案例，可能年初發現一起，至年尾再發現一起（因係不同批肉品），則我承擔風險會長達一年，方能中止。至該工廠在中止前，已獲准出口之牛肉或牛肉製品仍可繼續接受進口查驗乙節，亦有漏洞。在中止日前已獲准出口之牛肉或牛肉製品，仍可在中止日後陸續交運。我又何必網開一面？應表明在中止日雖已獲准出口但尚未交運之牛肉及牛肉製品，不得出口。至中止日前已交運在航程中者，於到達港口時，應嚴格檢驗。在商業行為中，已申請有出口許可，在工廠被禁止出口日仍未交運之例甚多。

第七節 將狂牛病疫區之垃圾食物銷臺，不符正義

美國養牛方式以圈養為主，餵食飼料，牛較少走動，故其牛肉較澳大利亞及紐西蘭牧場放牧者，肉質較嫩，頗受消費者歡迎，且享有較高價格。其進口平均報價，約比澳大利亞牛肉每公斤多一美元，美國系統之COSCO量販店，本土之大潤發，乃至各大飯店、餐廳，多供應美國牛肉。

二〇〇九年美國牛肉在台灣市場之占有率，已占進口牛肉之二九．七%，並呈成長趨勢。此次美國牛肉引起風波，多少已刺激消費者，認為是毒牛肉，而拒吃，已損及美國牛肉較為優質之形象。

由於立法院已通過食品衛生管理法修正案，禁止狂牛症疫區之牛腦、眼、脊髓、絞肉，內臟及其他相關製品之進口，倘政府仍堅持議定書必須照單全收，則日後引起之非議，民間之反彈勢必會升高，且不可能短時間內解決。紛爭糾纏結果，美國牛肉在台灣市場之地位及信譽，必受損害，故並不符合美國之利益。二〇〇四年至二〇〇九年牛肉進口情形如下：

年度	美國		紐西蘭		澳洲		其他	
	公噸	%	公噸	%	公噸	%	公噸	%
2004	645	1.1	29,804	50.8	27,056	46.1	1,157	2
2005	7,041	10.4	28,092	41.5	30,254	44.7	2,273	3.4
2006	19,294	26.3	23,206	31.7	28,466	38.8	2,367	3.2
2007	18,260	25.2	21,042	29.1	29,851	41.2	3,250	4.5
2008	22,572	30.8	19,429	26.5	26,741	36.6	4,452	6.1
2009	23,807	29.7	19,988	24.9	30,940	38.6	5,417	6.8

牛肉進口情形表二〇〇四～二〇〇九　資料來源：財政部關稅總局

第八節 蠻橫要求，我也接受

如美國又發生狂牛症案件，依國際慣例應中止進口其牛肉，但依議定書，我將不能立即中止美國牛肉之進口。各國為善盡國際社會之責任，如發生國際動物衛生組織所公告之甲類傳染病時，必須於二十四小時內通報國際動物衛生組織（OIE），立即採取措施，中止其感染疫病動物之肉類及肉製品出口。進口國也可參考國際疫情報告，立即中止該疫區有關肉品及肉製品之進口。我動物傳染病防治條例施行細則第十六條第二款規定：輸出入動物檢疫機關對甲類動物傳染病，應隨時參考國際疫情報告，預作疫區控制，並得報請中央主管機關依本條例第三十三條公告疫區及該疫區禁止輸入之檢疫物。

一九九七年三月十九日，我確認已發生口蹄疫雖於二十日宣布，但我即依OIE訂定之國際規範及動物傳染病防治條例之規定，於當日確認疫情後一小時內，由筆者親自電話通報當時國貿局長林義夫，請求即刻停發輸日本豬肉許可證，同時又通知財政部關稅總局總稅務司詹德和，請求即刻起，將港口碼頭待運之輸日本豬肉冷藏貨櫃，全部攔下，禁止出口，等第二日始補送書面通知。惟本議定書之規定：倘新增牛海綿狀腦病案例，導致美國在台協會所代表機關之領域，在世界動物衛生組織牛海綿狀腦病分類等級之降等，駐美國代表處將透過其指定代表行政院衛生署，暫時中止牛肉及牛製品之進口。

此意係指日後美國如發生狂牛症，我不能立即據以公告為疫區，必須等候美國通知國際動物衛生組織，候該組織處理。但國際衛生組織並不會立即公告，只會發佈接獲某國通報發生某疫情（Notified a case of X）之通報。OIE於處理發生甲類動物傳染病之降等，需由其「動物傳染病科學委員會」（OIE Scientific Commission for Animal Diseases），依科學證據評估，於評審後，發生疫情之國家需否予以降等，須等候每年一次，於五月間舉行，由各國派駐代表參與之 OIE 國際委員會（International Committee of the OIE），以決議方式通過列入疫區或自疫區除名之清單。故美國如於六月間再發生狂牛症，要降等須等候一年，於次年五月才會有結果。何況目前 OIE 規定之疫區，美國已是風險控制區（即我公告之疫區），再降也是風險已控制區。但依我動物傳染病防治條例，只要美國政府一宣布發生狂牛症，我即可據以公告為疫區，顯然我參與談判之代表，對此防疫規範無所悉，才會在議定書中接受此種條件。再者，OIE 國際委員會於二〇〇八年五月二十七日，第七十屆大會中通過牛海綿狀腦病已控制疫區（Having a Controlled BSE risk）。在三十一國清單中，我（Chinese Taipei）赫然在名單中，我並未有狂牛症發生之案例，為何淪落至此？國家形象受損，迄今我仍是疫情已控制之國家，與美國同等級。

第九節　議定書送達立法院審查引起之爭議，亦有可商榷處

國安會認為依照國際法，議定書效力高於國內法，所以不能禁止進口，但可做衛生管理，我們在國際上不能沒有誠信等。十一月五日，國安會主管在立法院再度表示；台美議定書的效力高於國內法，擬照單全收納入國內法施行的看法，政大趙國材教授在其

發表之論文中，「條約及協定處理準則」，大法官釋字第三二九號解釋，以及中央法規標準法之規定，提出其看法。認為該議定書一方面未經立法院審議通過，總統公布，又僅需於簽署後一定時間即自動生效。故該議定書與其他條約案之位階顯然不同，僅具與行政命令相同之位階與效力，且低於國內法，筆者，亦持相同看法：

1．我不能以學術上之迷思，只就國際法上議定書是否等同條約，是否優於國內法，據以認為本議定書需照單全收，納入國內法執行，造成借殼上市之情形。就本議定書規定之內容而言，國際動物衛生組織陸生動物寶典，世界貿易組織（WTO）動植物防疫檢疫措施協定（Agreement on Application of Sanitary and Phytosanitary Measures，即SPS）已有國際規範，因該等規範未能為美國疫區之牛肉解套，故要求與我簽訂此獨樹一格措施之議定書，持平而論，牛肉僅是農產品之一種，此議定書只是規範有問題之牛肉一項商品，根本不應提升到議定書，等同條約視之。

2．再者，依我現行動物傳染病防治條例第三十三條規定，已宣布美國為狂牛症疫區，故其牛肉及其產品係屬「禁止進口」之列。條例未修正前，我如堅持該議定書等同條約，條約應優於國內法，應據以施行，則本質上構成凌駕動物傳染病防治條例之規定。該條例第三十三條明示，所以禁止進口，係「為維護動物及人體健康」，而議定書係規範美國疫區生鮮帶骨牛肉及屬「垃圾」之牛肉製品，可以進口，人可以吃，但骨粉、肉粉、血粉等，依同條例之規定又禁止進口供作家畜飼料。因此已產生人可以吃，但禽畜不能吃之矛盾，議定書如視作優於國內法，如何運作？

3・雖然各國對境外輸入傳染病之防疫措施均嚴格管制，但均有爆發其他疾病之可能。美國如再爆發狂牛病或口蹄疫或牛瘟，我依法必須立即宣布為疫區，一旦公告為疫區，即禁止進口美國牛肉及其牛肉製品，即中止該議定書之施行（不限狂牛症，如發生口蹄疫或牛瘟，亦在禁止輸入之列）。此項機制為國際動物衛生組織及WTO之規範。因此該議定書要視作等同條約，條約優於國內法，條約必須遵守者，基本上忽視本議定書所規定商品之本質，由於是有問題之牛肉，又純屬一項商品之進出口，且可因狂牛病之再發，或其他疫病之發生而被中止，具高度不確定性，依我現行動物傳染病防治條例，本已牴觸違法，日後且可隨時因疫病爆發而中止，其不可視作國際法上之一般議定書等同條約者，其理明顯。

4・其次，在議定書簽訂後送立法院審議過程中，產生之議論，有許多情緒性之反應見之於媒體者，似欠妥當，如：

甲、將成立基金，作為保險乙節，由於國人赴外國如歐洲旅行者甚多，國人如有感染狂牛病，要如何證明係吃美國牛肉致病？還是吃英、法國牛肉致病？因潛伏期有十年以上，就是打官司向美國求訴，也不可能勝訴。

乙、美國牛肉進口後，如吃美國牛肉發生人感染狂牛病，就下台乙節，以狂牛病潛伏期十年以上，何須等辭，十年期間人事可能已異動多次。

丙、要派特使赴美說明乙節，為美國人視作垃圾食物部分受阻，會嚴重到要派特使？何以畢躬屈膝至此？

第十節　建議

由於本議定書之簽訂未慎於始，動物傳染病主管機關未獲派擔綱，風險評估未明，動物傳染病防治條例未修正，一方面狂牛症疫區之牛骨粉、肉粉、血粉、飼料用動物油脂、油渣禁止輸入，人吃的帶骨牛肉及內臟、絞肉等又可以，家畜不能吃，但人可以吃之情形已產生矛盾。由於狂牛症疫區之帶骨牛肉與牛肉製品之貿易，國際間原本只有禁止進口一途，未有變通之規範，韓國及日本雖同意進口美國牛肉，但進口國之要求寬嚴不同，如日本係狂牛症疫區之國家，但日本限制須二十月齡以下牛隻，且只能在COSCO量販店販賣，韓國則限制三十月齡以下，我採韓國模式三十月齡以下牛肉及牛肉製品可進口，但議定書中承諾腦、眼、頭顱、絞肉或脊髓可進口部分，已遭立法院通過之「食品衛生管理法」修正案第十一條排拒。故議定書規定事項已與國內法衝突。政府如要堅持原立場，勢必引發更大爭議，造成民怨。建議政府針對存在之問題，回歸國際規範，向美方溝通，陳述與國際慣例有所抵觸，取得諒解後，以交換文書方式，將議定書中不能施行之部分，予以暫停實施，議定書不影響部分則予施行。其次，動物傳染病防治條例需否將狂牛症疫區評等之認定予以區分修正，亦宜檢討，否則政府已構成違法。且有家畜不能吃，但人可以吃之矛盾存在。

說明

多年來，美國始終強力運作，迫我開放美國含瘦肉精之牛、豬肉進口，政府在難以抗拒下，作牛、豬分離，接受含瘦肉精牛肉進口，但含瘦肉精之豬肉，迄未同意。每當我向美國尋求洽簽投資貿易協定，或加入TPP談判，美國例以我開放美國含瘦肉精豬肉進口為前題，在無重大利益交換下，我自不應同意開放。

這篇的內容，是筆者分析並提供給政府參考的提案，謹此說明。

第六章

含瘦肉精美國牛豬肉進口之問題

第一節　瘦肉精的用途

瘦肉精係畜牧產業界和媒體常用的名詞，它是一種乙型交感神經興奮劑或腎上腺乙型接受體作用劑（Beta-Agonist），在研究上，依其作用稱為「受體素」。

乙型交感神經興奮劑種類繁多，有天然的，體內分泌的腎上腺素，腎上腺素就是天然的乙型交感神經興奮劑；合成的藥用乙型交感神經興奮劑有40餘種，可用於治療氣喘、心律不整等，某些能加速脂肪分解，幫助減肥，但也有可能引起頭痛、心悸、高血壓等副作用。在畜產上，瘦肉精主要是用來促進瘦肉生長，減少體脂肪量，生產低脂肪屠體，並提高飼料利用效率，降低生產成本，減少養分排放與環境污染。動物科技研究所研究員劉昌宇博士，在其研究資料中指出，過去研究用的瘦肉精有Clenbuterol（氣喘藥）、Salbutamol（氣喘藥）、Cimaterol。在九〇年代，歐洲曾使用Clenbuterol瘦肉精養牛，發生多起含瘦肉精食物中毒事件，主要是牛肝中含有Clenbuterol，食用後有戰慄、頭痛、頭昏等情形，故放棄使用。但Ractopamine（媒體用萊克多巴胺譯名，商品名為培林—Paylean）為乙型受體素一種，因引起生理反應強度較大，半衰期快，獲美國FDA於一九九九年十二月核准使用於養豬、養牛、及養火雞。進口的美國牛肉及豬肉被檢驗出者，為此型瘦肉精，至Clenbuterol、Salbutamol、Cimaterol等，原研發的藥廠均已放棄生產。又萊克多巴胺用予養牛者名歐多福斯（Optaflex），用予養火雞者名湯瑪士（Topmax）。

第二節 目前世界各國管制情形

目前世界上只有二十六國及香港與波多黎各地區使用 Paylean 瘦肉精用來養豬，主要為肉品輸出國。美洲地區，包括美國、加拿大、墨西哥、巴西、委內瑞拉、哥倫比亞、玻利維亞、瓜地馬拉、薩爾瓦多、尼加拉瓜、宏都拉斯、巴拿馬、秘魯、哥斯大黎加、厄瓜多、多明尼加、巴貝多、波多黎各（美國屬地）；亞太地區有印尼、泰國、馬來西亞、菲律賓、韓國、澳大利亞、紐西蘭、香港；非洲的南非等。上述二十六國及香港使用瘦肉精飼養豬，用來添加於牛飼料養牛者，只有加拿大、美國、墨西哥及印尼四國，用來添加於火雞飼料養火雞者只有美國及加拿大，至其他家畜並未准使用。目前世界上大多數國家，包括歐盟、日本及中國等均未用或禁用瘦肉精作為供人食用之畜產動物生長之用途。據製造培林藥廠之試驗，培林用來養豬，有下列效益：

1．可增加高品質精肉 5kg；
2．降低脂肪 3kg；
3．飼料節省 18.5kg；
4．提早四天達到上市體重；減少 18kg 的排泄物。

日本雖訂有最高殘留量標準，在國內仍禁用，但未禁止進口含瘦肉精殘留量合乎標準之牛肉及豬肉。歐盟於二〇〇五年十一月，於布魯塞爾召開之促進肉類生產增長科學會議「Scientific Conference on Growth Promotion in Meat Production」會議結論，認為使用受體素作為促進生長劑並不適當，因為對人類及動物健康具潛在危害。因此，歐盟執委會訂定法規 Council Directive 96/22/FC，禁止供人類食用之畜產使用受體素，並禁止自第三國進口之畜產動物或其肉品使用過受體素。

第三節 國際對萊克多巴胺之管理規範

聯合國國際糧農組織（FAO）和世界衛生組織（WHO）於一九六二年共同成立食品法典委員會（CAC. CODEX Alimentations Commission，簡稱 Codex）其任務為訂定及調和食品標準。食品法典委員會下設專家委員會，其中之一，食品添加物專家委員會（簡稱 JECFA），於二〇〇四年針對萊克多巴胺進行評估，於二〇〇六年向食品法典委員會提出豬牛之肝、腎、肌肉及脂肪之殘留容許量（MRL）草案。

食品法典委員會於二〇〇八年起，連三年討論肉品中萊克多巴胺殘留容許量三次，因歐盟與中國異議故未通過。歐盟認為 JECFA 所作人體試驗資料僅測試六人，佐證效力不足，獲得的資料有其不確定性，而中國認為亞洲國家有食用內臟習慣，潛在風險高，始終未認同。

目前各國訂定萊克多巴胺最大殘留量情形如下表：

	部位	CAC 草案	美國	加拿大	澳洲	日本	韓國	紐西蘭
豬	腎	90	--	140	200	90	--	90
	肝	40	150	120	200	40	40	40
	肌肉	10	50	40	50	10	10	10
	脂肪	10	--	--	50	10	10	10
牛	腎	90	--	100	--	90	--	--
	肝	40	90	40	--	40	40	--
	肌肉	10	30	10	--	10	10	--
	脂肪	10	--	--	--	10	10	--
火雞	肝	--	450	200	--	--	--	--
	肌肉	--	100	30	--	--	--	--

註：CAC：Codex Alimentarius Commission 最大殘留量（MRL,Maximum Residue Limits）

第四節 農委會公告為「動物用禁藥」

由於萊克多巴胺具有加速脂肪分解及促使蛋白質與脂肪比例重分配之作用，故主要畜產外銷之國家，如美國、加拿大、澳大利亞及紐西蘭等，使用瘦肉精養豬提升其競爭力。在一九九〇年代，歐洲曾發生多起使用 Clenbuterol 瘦肉精，造成食物中毒事件，現在已放棄使用。

農委會於九十五年十月十一日，參考世界上大多數國家管制使用情形，將 Ractopamine、Salbutamol、Terbutaline、Clenbuterol 等四種瘦肉精公告為「動物用禁藥」，禁止其製造、輸入、販買及供產食性動物（Food-producing animals）使用。農委會既已公告瘦肉精為禁藥，故國內查獲含瘦肉精之肉品，悉予銷毀，進口肉品一經查獲即退運。「內禁外准」之議，抵觸國內之規定。

第五節 開放瘦肉精，將使國內畜產業潰敗

二〇〇七年六月，衛生署查獲進口之美國豬肉含瘦肉精，七月又查出國產豬肉也含瘦肉精，當時在美國壓力下，衛生署立場傾向制定殘留量標準開放，在國內無自行試驗數據下，採用日本核定殘留量之標準，於二〇〇七年八月十六日，函 WTO 各會員國徵

詢意見。衛生署傾向開放意圖明顯，引起國內豬農不滿，全省養豬協會動員六千豬農來台北向衛生署抗議，用曝曬多日臭雞蛋蛋洗衛生署外牆，連毗鄰店家都被波及。署長在豬農壓力下，簽下承諾書，宣示法律未修正前，絕對禁止含瘦肉精豬肉進口，未來含瘦肉精豬肉是否准予進口，衛生署願與農委會採取一致立場，不會片面開放等。此殷鑑不遠，現瘦肉精案仍與二〇〇七年當時相似，美國之壓力仍在，已引起中南部豬農之恐慌，揚言要抗爭。南部六縣市政府也表示反對。本案繫乎國人健康，也攸關畜牧業的發展，應慎重檢討因應。

就我而言，豬肉係主要肉品，民國一〇〇年度，有養豬戶九七三三戶，產值七五〇億元，週邊之飼料廠，肉品市場，加工廠、動物用藥等關連商家龐大，如內禁一旦開放，於肉豬飼養末期使用瘦肉精，養到一百公斤，約可增長五公斤的瘦肉，且體脂肪少，體型美，在毛豬拍賣場上，可高價出售，勢必造成普遍使用。而養牛、養羊、養鵝、鴨及雞亦有同樣的效果，故一旦開放使用，則會造成畜產業的潰敗。鑑於瘦肉精有四十多種，劣藥充斥，在鄰近國家如菲律賓、馬來西亞及泰國開放使用萊克多巴胺，查出使用者，多係非原廠之劣藥，農民無從瞭解下，亂用誤用難免。如開放，雖然農委會可在源頭飼料廠管制，但在養殖場亦可自行調配，故將無能力逐一抽查監督，會造成豬、牛、羊、雞、鴨、鵝統統使用。此外，國外含瘦肉精肉品一旦又可進口，則國產肉品因未含瘦肉精，可作市場區隔，品質優於進口之地位將不保。再則，根據日本檢驗畜產瘦肉精殘留量之情形，在內臟積存之殘留量，為肉質部分殘留量五倍以上。鑑於國人食用大量的豬內臟，甚至當作補品，如婦女產後坐月子食用麻油雞及麻油腰花，產婦吃此補品要給嬰兒哺乳，而初產嬰兒腦、肝、腰等器官尚脆弱，勢必傷害幼兒。而鄉下燉補品常用豬心，體弱則吃豬肝，客家人喜食豬大腸等，習性異於美、加、澳、紐及日本等國。國人對內臟偏好消費量大，豬內臟除本地生產者外，每年尚進口約兩萬公噸。牛內臟也有五千公噸。因此，我必須認清國人的飲食習慣，為了國民的健康，宜內禁也外禁，外禁如不保，則不能輕言仿效日本，應有別於日本，從嚴考慮外，尤應有配合措施，能從源頭管理，俾能在市場作區隔。

第六節　宜否開放之檢討

（一）瘦肉精殘留對人體健康仍有疑慮

就國人健康而言，瘦肉精對人體健康迄今未有安全可信之充分科學試驗，國際上之科學試驗作為佐證，仍顯不足，尤其國內之測試，也付闕如。國際食品法典委員會（CODEX Alimentarius Commission）原於二〇一一年七月會議中，圖定標準，但無定論。目前只有二十六國使用瘦肉精養豬，同時又用於養牛者，也只有加拿大、美國、墨西哥及印尼四國，養火雞者只有美國及加拿大。該二十六國也不准用瘦肉精養其他畜禽。為何大部分國家不敢使用，其疑慮吾等要深思。日本雖訂有萊克多巴胺之殘留量標準，但國內仍然禁止使用。中國大陸也禁止，國民健康問題，應慎重考慮。

（二）國內應禁止使用瘦肉精

目前國產豬肉內銷供應量，已佔市場七成，如進口含瘦肉精之豬肉，國內豬農自然會用瘦肉精養豬，則國產豬肉頓失與進口豬肉區隔競爭之優勢。國內畜產業也將潰敗，因：

1. 目前在禁止狀態下，仍有少數農民使用瘦肉精養豬及養鵝，如開放，競相使用下，用藥標準難予控制，畜產業會全盤淪陷。
2. 農委會並無足夠人力監督或抽查畜牧場。對養豬而言，大型養豬場尚有源頭飼料廠於生產飼料時，可依標準在飼料中定量添加瘦肉精，但家庭式中、小型飼料廠及養鴨及養鵝農自行調配飼料者，則無從監督。
3. 一旦開放使用，衛生署食品藥物管理局難以在市面全面抽驗。
4. 豬肉及牛肉脂肪中之瘦肉精殘留量如訂為10ppb，如驗出超過10ppb少許，因同一豬場每隻豬隻殘留量可能不同，要逐隻檢查也不可能，勢必引起糾紛及民怨。
5. 自二〇〇五年起，豬肉之進口已無限制。進口量已佔國內市場消費量三成。二〇一〇年進口之美國豬肉有三一〇〇六公噸。由於我禁止使用瘦肉精，國產豬肉與進口豬肉，目前在市場可作區隔。故國內禁用瘦肉精，不但可確保國人之健康，也可作為國產豬肉在國內市場之最好防衛。再者，鵝肉皮層含脂肪過高，瘦肉量少，目前在禁用情形下，有鵝農違規使用，故如開放瘦肉精之使用，則養鵝產業也難確保。

（三）美國迫我開放含瘦肉精豬肉進口，在台美沒有重大國家利益交換下，不應同意。

歐盟禁止含有瘦肉精殘留之美國豬肉進口，美國予以尊重，特別對輸出歐盟不含瘦肉精之豬肉，訂有認證計畫（Program for Certifying Pork Intended Export to the European Union; PFEU Program），其中之一項認證項目為從未餵食 Ractopamine 給該出口肉品動物，對美國牛肉之要求亦復如此。故美國供應商另行飼養專供，我可援例作較嚴之管制，牛豬既已分離，牛肉外不宜開放含瘦肉精之豬肉進口，且瘦肉精用於飼料添加物，在國內應嚴格禁止，俾確保國人自行飼養之畜產品不含瘦肉精，俾與進口之畜產品區隔，確保國內畜產品與進口品競爭之優勢。

說明

WTO談判要有專業，嫻熟規範，

主談者必須具有外語能力，及善用智慧。

美方參與談判之代表團包括農業部、貿易代表署及國務院，

而貿易代表署之代表為身經百鍊、老謀深算的資深官員，

要完成談判，真的不容易。

第七章

臺美最終回WTO談判

第一節 經貿官員喻為刺激又浪漫

在呂雪慧所著，加入 WTO 秘辛〝迢迢入關路〞書中，報導〝農業談判歷經多年且多人經手，但經貿官員認為，就屬台美諮商最終回一役最有看頭〞。經貿官員所以有此印象，實由於美方主談者中，貿易代表署助理代表，有暴衝行為，但我鎮定如常，後鎖定農業部海外農業署副署長為協商的對象，密室協商，獲有共識再到談判桌檯面上討論，始能順利談妥〝而情人節我為表示謝枕，藉機送花〞，會場氣氛融洽愉快，致讓他們覺得刺激又浪漫。

台美雙方歷經十六次農業議題諮商，我方雖已在關稅減讓及市場開放給與美方大幅減讓，仍有稻米、豬腹脅肉、雞肉、牛肉、動物雜碎之市場開放、水果關稅稅率、縮短降稅期程等議題尚未解決，同時美方農業主談人換人，屢次提出不合理要求，導致雙方對上述議題立場差距反而擴大，有待此次最終回談判解決。

美國所以強勢逼我退讓，實由於台美貿易我有巨幅順差。談判前一年，即一九九七年，美國對台灣貿易逆差達到一百二十億美元，比一九九六年高出七億三千八百萬美元。一九九七年，美國對台出口為二百零四億美元，比前一年增加一〇・七%；美國從台灣的進口則是三百二十六億美元，成長九・一%。當時台灣是美國第七大貿易夥伴。在農產品貿易方面，我則呈大幅逆差，但當時台灣是美國農產品外銷第五大市場，因此美方對台灣進一步開放農產品市場甚為重視。

第二節　雙方代表團旗鼓相當

台美農業組最終回農業談判，是安排在美國貿易代表署（USTR）內舉行，美方由農業部海外農業署（Foreign Agricultural Services）副署長派翠西亞（Patricia R.sheikh）及貿易代表署助理代表卡西迪（Robert Cassidy）二位擔任主談人，團員包括貿易代表署法律顧問及國務院官員等。我方則由副主委林享能領軍，擔任主談人，團員除農委會企劃處長黃欽榮、陳文德科長（稻米）程中江科長（畜產）蕭柊瓊技正（貿易）藍敏全技正（稅率）等官員外，尚包括經濟部次長林義夫、國貿局長陳瑞隆及駐美代表處經濟組長鄧振中，以及財政部專門委員陳錦芬等人，三個部會組成聯軍，陣容齊全，引起美方高度重視，而包括其他各組，我共出動四位次長級，凸顯我國要結束諮商的決心。

第三節　一場艱苦的談判

美國為世界第一大經濟體，為全球最大市場，無論貿易代表署或農業部，長期與世界各國談判，早就練就強勢施壓，迫人就範的談判技巧。對我個人而言，因有長期外交談判及自民國七十九年起，曾多次代表政府對外洽談交涉的經驗，較能適應，但對代表團團員而言，會感受到震撼和艱難。企劃處處長黃欽榮為加入WTO農業議題和二十七個國家交過手，但唯有對美最終回合談判，讓他感慨萬千，回國後，接受聯合報季良玉記者的訪問，在為題「他們經歷了最艱難的一仗」報導中，他是這樣形容的，他說：「美國的確是最難纏的對手，談判姿態非常高而且強悍，野心也最大，別的國家都只對幾項農產品市場感興趣，美國是「什麼都要」。

美國「什麼都要」，在一千六百多項農產品中，我方也是能讓就讓，到最後，就剩稻米、豬、雞、內臟四項談不攏。談不攏是因雙方都有強大的農民壓力，豬、稻米、雞是我國產值前三大的農產品，美國的稻農和豬農組織又是美國最強有力的農民遊說團體，養雞協會的主席則和美國柯林頓總統同鄉，中美農民的壓力，使得談判由原定三日延長成十天。

這十天，對談判人員的體力與耐力都是大考驗。我方農業談判代表團每天早上七時，根據台北最新指示舉行早餐會報，八時到會場，就一直談到晚上十一時，中餐、晚餐都以便當解決，深夜回到住宿的飯店，先趕報告向台北回報，接著開會檢討次日如何因應，總要半夜兩、三點才能上床。

在談判最吃緊的時刻，農委會企劃處蕭冬瓊曾兩天一夜未曾闔眼，也有官員累得沒洗澡沒換衣服倒頭就睡。美方立場反覆，也讓我方極力忍耐才沒翻臉。例如頭期款部分，前一天好不容易談成，以雞內臟頭期款換取雞肉六年調適期，第二天美方說他們的農民不同意，就推翻前議，把頭期款由雞內臟換成雞肉。美方一貫說詞是，談判不到白紙黑字簽下協議，都可以改變。

這期間多次談判瀕臨破裂。我方農業主談人林享能形容：「美方每天都怒氣沖沖。」美方主談人之一、貿易助理代表卡西迪就是一位火爆浪子，每次我方表示不能讓步，他立刻變臉站起來，丟下一句「別談了，我去告訴我老闆無法談成」，氣氛馬上僵住。

這時，林享能總是喊暫停，把另一位主談人，美國農業部海外農業署副署長派翠西亞拉到一旁私下溝通，使得氣氛緩和下來，雙方再重新上談判桌。」上述情節是黃欽榮處長的感受。

第四節 美方談判的技巧

美國人談判很有技巧，今天談稻米，明天談雞肉，後天再談雜碎，再隔天再談別的，每項議題只煮熟七分，都沒有完整，最後又翻過來談第一天的稻米，企圖擾亂我方談判思緒。幸虧我處事冷靜，記性很好，對談判細節瞭若指掌，不受美方左右，還能糾正對方的錯誤，美方農業組談判代表也察覺此點，認定我是認真又信守言行的對手。

此外，美國是大國，對一般開發中國家，自然會有老大的心態，隨時會突然變臉，黃欽榮處長在記者訪問他的報導中，已提及美國主談人之一，貿易代表署的助理代表卡西迪就於談判的第二天，談到以雞的內臟改換成雞肉，因他要求的轉換量太多，我未答應，他就變臉，突然站起來，不友善的說「不談了，我去告訴我老闆無法談下去」，會場一時僵住，我馬上要求休息，喝咖啡（coffee break），避免不愉快。

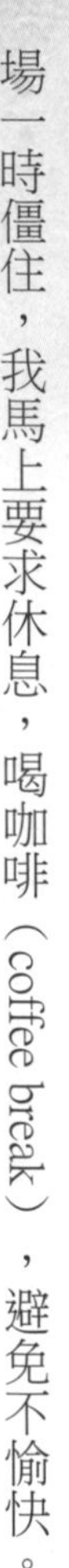

第五節　處變不亂穩定軍心

作為主談人，處在美方主談人之一突然站起來變臉，狠撂一句話不談了，我要求暫停，對方同意後，我不慌不忙坐下來，不慌張，也沒有跟團員會商，拾起筆，寫下心中的感受「瞪目板臉出重言，喜怒難測一瞬間，折銜衝節非易事，任艱致遠暫且忍」，很快寫好後，傳給林義夫次長，陳端隆局長及其他團員傳閱，但見團員均能會心一笑。我的目的無他，第一我要穩住軍心，不能顯出慌張，第二我不能讓美方看穿，認為他的威脅有效，第三我必須先靜下來思考策略。在我們返國後，團員將情告訴媒體，將我臨場的作為，聯合報在「談判焦點人物」一欄中，以「林享能，最佳氣氛營造師」作標題，報導「傳閱打油詩，紓解同仁情結，情人節獻花，眾女士窩心」為副題作報導。我們處變不驚的作為，相信美方人員也會覺得意外。

第六節　調整談判策略，擺脫卡西迪

晴天也會突然變色，卡西迪這一怒，讓我獲益良多。在那暫停為時二十餘分鐘內，我很快思考，不能攖其鋒，在檯面上與卡西迪論斤論兩，以他老大心態，如屈服，可能皮會被他剝得遍體傷痕，我必須暗中把他邊緣化。因此，決定：

1．鎖定派翠西亞為談判對象，主動輸誠與她商量。

2．商定二人私下協商，有結論及默契後，再提到檯面。

3．在她位在會議室旁的辦公室會商。

我作這種調整，並未告知其他團員，團員只看到一有困難，我會找派翠西亞，談判所以能按部就班進行並很快獲得結論，我與她的協商是關鍵。返國後聯合報在訪問團員中做此報導：「我方一位談判人員說，林享能流利的英語，外交官的翩翩風度，在這次談判發揮很大作用，中美能完成農業諮商，他是一大功臣」。

例如，美方兩位主談人之一的派翠西亞．雪克是位女士，林享能除了第一天依國際禮儀稱她為「主席先生」外，第二天起，離開談判桌，就改口稱「派」，拉近彼此距離；每當談判氣氛火爆時，林享能就把她拉到一旁輕聲軟語溝通，把談判由破裂邊緣拉回。」

我這策略，當時並未告知其他團員，要說是小秘辛也不為過，但其中並未有暗盤或秘密成交，因為商妥的結果，會在談判桌上公演。此策略定調後，自第三日起，我與派翠西亞之間需要商量事項，大部分在其個人辦公室協商，告訴她我方讓步的難處，可以讓步，讓到什麼地步，用什麼來作交換等等，雙方談好取得協議，再「套招」，回到談判桌時，雙方要如何切入及表態，均先談妥默契，回到談判桌充分表達後，再作下結論。

由於我告訴她，我是政務官，在政府授權內，我可以自行決定，不必再請示政府。她也說享有此授權，又由於關室商談，故讓我覺得雖然是馬拉松式的談判，但堪稱順利，有節奏、有步調、無爭執。至於回到談判桌「公演」時，美方其他人員會稍有脫序的表示，對我方其他團員而言，會覺得談判很艱難，由於我未告訴我的團員細節，事隔十四年後的現在，仍覺過意不去。

第七節 大方略切入，不直接論斤論兩

我相信一般負責談判的官員，大概不會採取此種策略，因為採取這種方式，會有讓人覺得打高空，對人說教的感覺。要以這種策略切入，須具備下述條件：

1. 談判者的代表性夠。
2. 對方瞭解談判者的善意。
3. 不能偏離洽談項目的議題。
4. 符合雙方的利益。
5. 能充分表達等。

就以此次談判而言，我代表團係於二月十日抵華府，當晚駐美代表處安排晚宴，讓我團與美方談判官員見面，雙方農業組代表團主要人員同一桌，把握認識交心的大好機會，我因任外交部服務二十七年，其中又曾擔任駐外代表有十年的歷練，深知須用心交誼，加深她對我的印象。因此十一日開始談判，在談判桌上發言慎重嚴肅，尊稱對手派翠西亞主席外，離開談判桌，我概以親切的方式直呼她的名字 Pat，俾拉近距離，讓對方更容易接納我的說明和所提意見。

此外，鑒於美方對我市場開放留下待協商的項目，要求過於苛刻，自忖如果單純以產業技術性論斤論兩，開低走高，勢難讓美方縮手，因此在談判策略上，改以雙方利益為前提，台灣安全及穩定作考慮，要求美方求最大的戰略利益，不要在單項項目中過於苛求，要我減讓，故我在每項談判時，拋出這種訴求，我的目的是要限縮美方對我要索的空間，同時減少橫生枝節的暴衝情形，俾讓進入項目實質討論時，可限縮在歷次會商的範圍內，有助談判的順利。

有關的項目經我剴切剖析利害得失的說明，美方確也能瞭解我的用意，因此美方在談判上趨於保守及配合，未向我方步步進逼，爭取原先苛刻要求。

我採取這種方式切入的例子如下：

一、稻米

經歷十六次諮商，美方要求我加入 WTO 後，稻米產值須減少三三%，我方則承諾減少一二%，我私下向派翠西亞說明，也在談判桌上公開表達，跳脫產業立場，強調國家糧食安全及美方的戰略利益。我指出，一九九六年台灣向美國進口農產品達三十六億美元，台灣在農產貿易方面，已呈巨額逆差。

另外，請美方應特別重視台灣的處境，因為兩岸仍軍事對峙，一旦有狀況，例如中共封鎖台灣，運糧海運中斷，台灣必須靠自己確保基本主食稻米年一五〇萬噸的安全供應量。以前倉庫容量還能庫存米六〇萬噸時，加上一期稻作九〇萬噸，合供一五〇萬噸，現在倉稟量不足，約五〇萬公噸，加上一期作約一四〇萬公噸。因此台灣的稻田不能因加入 WTO 大量進口稻米而荒廢，況且台灣已準備放棄糧食生產自給自足的政策，改採供需平衡。

我以農業副部長作此種表示，希望美方有所重視，何況『台灣關係法』開宗明義，美方關切台灣的安全，糧食安全也是重要的一環，同時我也一面遞給美方英文本「台灣關係法」供參閱。經過這番說明，美方接受我方一年糧食安全供需量，一四〇萬噸的一〇%十四萬噸（達成協議進口稻米十四萬四，七二〇公噸）。但讀者不能認為原來是這麼簡單，提出此大的方略就能談妥。在策略上，我只是要將稻米限縮在此空間減讓而已。稻米的談判複雜，包括我們採用烏拉圭回合諮商，農業協定中進口稻米的日本模式開放。依此模式，就有許多問題和細節。按日本進口開放的模式，是以協議的基期年消費量為計算基礎，一九九五年進口量為四%，每年增加〇．八%至二〇〇〇年為八%。因此我們談妥的進口配額量係依日本模式，逐年增加進口配額量，雙方同意二〇〇〇年進口量達到一四四．七二〇公噸（佔消費量八%，當時美方預估我會在多邊入會談成後加入 WTO。而二〇〇〇年為烏拉圭回合諮商最終執行期），量初步談妥，美方又進一少要求我開放時程回朔自 WTO 於一九九五年成立時，但我堅持自入會後起算，何況還有政府與民間進口米的處理，如何加價等，此等技術性項目更費神費事，複雜不好纏，在本文中，我不擬敘述，所以說明稻米項目，旨在讓讀者瞭解。惟談判完成後，我與美國貿易代表署助理代表賈西迪在其辦公室見面時，他要求我開放稻米進口後須向美國進口，我婉言表示，此完全違反 WTO 精神和規定，無法同意，只有在進口時盡量安排。美方要求納入協議中，由於我實在不想再有意外，就伸手表示，用「握手君子協議」替代，與對方握手，拒絕形諸白紙黑字。二〇〇二年我國入會後，美方曾試向我方要求兌現，因為二〇〇〇年政黨輪替後，我已離職，農委會也無人曉得我曾與美方握手這回事，美方找不到門路，自然無法兌現。

二、 動物雜碎

坦白的說，動物雜碎是我很在意的項目。其一，在美國除華人外，大部分的雜碎是沒有人要吃的，形同垃圾，但在台灣，卻視同美食及補品。因此美國早就想把垃圾變成黃金銷台灣，如果大量的賣到台灣，我會覺得臉上無光；其二，國人嗜吃內臟，在民國八〇年代，衛生署年鑑中，列出的台灣十大死亡病例中，有六項與高膽固醇有關，如大量進口，造成內臟市場價格下降，又會吸引國人多吃內臟，我必須防阻；其三，我因督導畜牧產業，深知豬農養豬要能賺錢，必須要讓豬的內臟從脖子到肛門，這一串要能夠賣到台幣一千元。故豬的內臟也要認真把關，這些我關心的事項，既非來自主委的指示或同仁及畜牧業的懇求，我自認責無旁貸。

美國虎視眈眈，提出要銷台灣的動物內臟包括：

牛：腸、胃、肚、尾

豬：肘、蹄、胃、舌、大小腸、直腸、子宮、頰肉、耳、臉皮及蹄筋

雞：內臟及腳

美方也強勢要求於入會前，即開放所有牛雜、雞雜、鴨雜及鵝雜自由進口，僅同意我豬雜可用關稅配額（TRQ）管理，同時要求入會後第一年進口消費量之一〇%，第六年增加至消費量之一五%。美方之強勢要求與我要堅持的理念南轅北轍，強烈對立。

另一方面，雜碎又是很值得與美國商談的項目，因為口蹄疫發生前，國內畜產品雜碎年產量為十六萬七千餘公噸，供給量不足，仍有大量走私進口，就在這種心情下，我進行談判。

談判一開始，我就爽快的表示，動物雜碎是貴方（美方）很重視的項目；我說我們也很重視，因為雙方會有互利。我坦率說明：

台灣的豬腸在市面上一斤（六〇〇公克）已賣到台幣六十元，豬腰也是高價，比起豬肉還貴，在美國這些都是「垃圾」，但在台灣卻是「美食」。我馬上表示台灣會開放進口，屆時也願意從美國進口，因為美國檢驗標準較嚴格，執法也較落實。繼說明，台灣動物雜碎一年產量約一六萬七千，六〇〇公噸，除本國生產者外，尚有大量自中國大陸走私，以大陸有各種疫病，走私進來的豬雜碎始終讓台灣處在嚴峻威脅下，導至台灣

發生口蹄疫，造成畜產嚴重損失，同時因台灣人民喜食內臟，也引起嚴重的國民健康問題。依行政院衛生署的統計，台灣歷年十大死亡病例，就有六項與食用高膽固醇動物食品有關，尤其是動物內臟。

語畢，我當場遞交一份我國衛生署出版的一九九五年英文版年鑑，請美方主談人當場翻閱。等對方稍過目，我進一步說，依台灣的傳統，婦女做月子，均以麻油腰花或豬肝作為主食，而豬內臟殘留藥物比率最高，作為人母之母體，吃麻油腰花又哺乳，以嬰兒正需要發育之際，會殘害幼兒，政府注意及此，已從事宣導。台灣會逐年開放，希望美方不要逾越道德標準，過份要求。

經過我似同說教的坦誠陳述後，美方態度軟化，放棄原先要求豬雜及牛雜入會前各一萬公噸的頭期款配額量。於是由我先提出，釋出牛雜及豬雜開放各五〇〇〇公噸的配額，後經討論，美方要求豬雜增為七五〇〇公噸，牛雜接受我提出的五〇〇〇公噸，美方顯然對我提起不要逾越道德標準有所體會，故不敢多要求，我也很自然地答應，談判就這樣平順達成協議。這樣的開放，不會造成國內養豬產業的衝擊。因為在出發談判前我已與畜牧處陳保基處長及程中江科長研商，國內動物雜碎年產量十六萬七千餘公噸中，牛豬羊內臟共一五三、一七〇公噸，其中豬內臟共一五二、七一四公噸，將豬的四個蹄也納入內臟，則每頭豬的內臟重量為一一．七六公斤，以七五〇〇公噸配額量，換算頭數，只有六三七、七五五頭。但內臟不是整串進口，而是單項器官如大小腸、肚等進口。我自行評估，七．五公斤可能會產生等於一頭豬，則換算起來，承諾的七五〇〇公噸換算頭數只有一〇〇萬頭，對我養豬產業並不構成威脅，依需求仍然還會有走私進口。就以豬雜一個項目來論，作為主談者的我，做了不少功課，也費很多心思，念茲在茲，必須照顧產業及農民，絕對不是英文流利，憑三寸不爛之舌就可談成的，而如果對產業不熟，任何主談者，不可能會有脈路貫穿的邏輯來說服對方，也不可能會有專業的表現讓對方尊重。由於對方在多次談判中，據參與會談的同事報告，氣勢凌人，故在此後的諮商談判，如不設法壓制對方的需求，提醒對方不要做缺德的事，恐不會有這種成果。

三、葡萄

又如葡萄，由於 Patricia 受到加州參議員壓力，要求我方進一步開放加州的葡萄進口。她是於十九日談判接近尾聲時提出此要求，我為了不能再有突發狀況，我要求中場休息，再度與 Patricia 在其辦公室闢室協商。瞭解內情後，我坦誠表白，台灣葡萄生產，如南投信義鄉是種在河床地（我故意不提彰化平地），屬比較艱困地區，如不能再種葡萄，農民將難以維生，因此我葡萄產業必須維持，請她諒解。

我隨即表示願配合，將葡萄進口稅率由四二．五%降為三五%，桃子由五〇%降為四〇%，Patricia 聽完也同意，此項目談妥花時約五分鐘。於是二人套招，談好細節，返回談判桌後，雙方仍依各自立場表達，再作結論。由於獲得對方的信任，我又誠懇配合，故溝通也就容易了。

談判是一種藝術，做人也要有人情味。從十一日起開始談判到十四日，已為時四天，從早到晚，談到晚上九時，甚至十時，馬拉松式的談判，雙方人馬均非常專注，到二月十四日當天傍晚，雙方猶專心討論，時任駐美代表處經濟組長的鄧振中當場向我提醒，「今天是情人節，不能再像前幾天挑燈夜戰地談下去。」我聞言，當場本能輕聲回應「Oh my God」，立即清點在場女士人數，央託鄧組長出外購買八朵玫瑰花，並請他用報紙包好，不露形色地交給我。

玫瑰花買妥後，我即建議談判休會，很客氣的向美方提醒「今天是情人節，請求結束談判，希望你們趕回家陪另一半（Better half）」，同時表示，為了感謝大家，謹代表我方代表團向在場女士獻上每人一朵玫瑰花，感謝連日來大家的辛勞。當第一朵花要獻給主談人Patricia時，她仍埋頭在談判桌上整理記錄，我誠懇的表示「Pat, may I kiss you」，不等她回答，我很快彎腰低頭，用頭輕輕的碰她的頭，並把花送給她，然後跟她說謝謝。我相信我的團員們會很驚奇，覺得很浪漫，但我個人在拉丁美洲服務長達十七年，很自然的會有此種合乎於禮的熱情表示。相信美方在這次談判中留下深刻的印象，同時談判緊張氣氛緩和不少。

談判回來後約一個月，美國在台協會農業組台籍專員Rosemary打電話給我的秘書吳慧玲，轉告美方認為此次農業談判所以會很順利，「因為台灣用美男計」。當吳秘書告訴我這句話時，我覺得很意外。我認為可能是我的「真心、熱誠又認真」，讓美方人員留下好印象，這也應是這次台美諮商意想不到的收穫！

第九節 談判順利的原因

此次台美最後諮商談判所以會順利，實由下列因素：

1．同仁用心，資料準備充實

農委會部門主管同仁對每項談判項目之背景資料及因應措施，有周詳的準備。我是於出發前八天，要下班向他告辭時，才奉彭作奎主委明確指示，要我帶團赴美談判。第二天上午上班後，我召集赴美同仁開圓桌會議，逐一查問每個項目要準備的資料，確定無遺漏我才放心。而我自己將台灣關係法，衛生署台灣十大死亡病因的出版年鑑等農委會職掌外的資料，都收集齊全，同仁準備的，大部份是中文資料，重要的項目自行準備英文說明。又如為了讓美方瞭解，台灣消費市場不可能一時接納大量的美國牛肉，我就準備了肉類每人每年消費量的統計，近三年牛肉進口資料，準備告訴美方，美國牛肉與澳洲牛肉，一個是圈養，一個是放牧，在台灣消費市場有分隔，一時不能打破。帶到談判桌上備用。

2．減讓有充份授權

最後諮商要談判的項目，均為農業部門前三大產業，事關整體經濟及農民福祉，茲事體大。故於農委會對開放之產品減讓幅度定調後，曾向蕭院長做詳細簡報，行前又見院長說明我自己預作減讓的幅度，故農委會及蕭院長對我可能作的讓步均甚清楚。有此錦囊要訣，讓我篤定，可信心滿滿，縱橫全局，談判十日期間，我並無出現作不了主，須越洋電話請示的情形，故我可以心無旁鶩，專心應戰。

3．團隊有默契，同心協力作戰

代表團是由經濟部、財政部和農委會組成的聯軍，且經濟部有三大核心要員參與，包括林義夫次長、陳瑞隆局長和駐美鄧振中組長。由於有要完成中美最後諮商談判的決心，經濟部王志剛部長曾於中美最後諮商前，二度邀約農委會我及李健全副主委以及其他核心主管研討，因此經濟部友軍對農業諮商的腳本瞭若指掌，因此在談判桌上，他們對我所談的內容，在論斤論兩方面，可輕易瞭解我有沒有偏離政府授權。至於在大方略方面，可能他們是第一次聽到，但這些是我的策略，只要聽我說明，他們也很容易認同，故為期十日的馬拉松談判，從頭到尾，因對談判的項目有充分準備，都是我一個人發言，也可以說縱橫全局。我並不是要突顯自己，我也無英雄主義，所以能讓我順利談判，歸功於團隊有默契，團員對我有信心，我所以提出這點希望能供讀者參考。

4·團隊的紀律

在談判開始前，我懇切要求同仁必須遵守：

甲、沒有得到我的同意，你們不得發言。

乙、如果覺得我談的內容不夠清楚，可中斷我的講話，讓我瞭解後，由你們作補充說明。

丙、如果我講的內容有誤，你們「必須」打斷我的講話，好讓我可在談判桌上更正我的失誤。

感謝伙伴們的支持，上述情況並沒有一件發生，團隊的紀律，相信美方也會起敬。

5·前線戰況，參謀本部瞭若指掌

每日談判結束回到酒店，約在晚上十時以後，我要求同仁回房先洗澡，於三十分鐘內帶睡衣到我的大套房休息，可坐、可翹腳、可臥、可睡，但需要查詢時，必須隨時應命，通常於半夜二、三點才放同仁回房間睡覺。我們將每日談判情形，當晚作成完整報告，分析美方如何要求，如何折衝及談判達成的結果，並預告將如何讓步，於華府清晨二、三時左右電傳農委會。由於華府與台北有十一小時的時差，我們必須讓農委會於次日下午前（台北時間），有充分時間處理我們的報告，我們也要求農委會必須於當日晚，將指示電傳駐美代表處轉代表團，文書作業則由農委會現任資訊室主任蕭柊瓊及派駐華府的陳嘉齡負責，蕭柊瓊上前線也像俠女，在我們整理好報告後，她一聲「一切由我這小女子負責，你們可以回房睡覺去」，她始終如此豪氣，將繁瑣的書面報告漏夜打字趕完並傳回台北。她有二天一夜沒有睡眠的紀錄，至今想起，我仍然感激在心。農委會隨行團員每日用心應命，每晚幾乎只約睡三小時，每天一大早七時又開早餐會報，但無人訴苦，士氣高昂，這真是「將士用命」最佳寫照。

綜觀農業組的談判，二月十一日開始談判，次日，台北已有六千豬農擔心對美談判會壓不住美方的要求，造成養豬產業的崩盤，集結美國在台協會前，丟擲豬糞抗議，但我率團返國，反而無農民抗爭。返台後次日，我向蕭萬長院長報告時我表示，政院給我一百塊的籌碼，但我只用掉六十五塊，且當場再向蕭院長爭取到一六〇億台幣，作養豬產業結構調整，在高屏溪及東港區水域禁止養豬，期將我國養豬從屠宰頭數約九〇〇萬頭減至七〇〇多萬頭。蕭院長二話不說，當場同意，在沒有簽呈，沒有書面報告先呈報情形下，就得到同意，顯見當時上下一心，努力以赴的決心」。

第十節 自我評估

此次談判開始後二日，對方有暴衝、有威脅，自第三日起漸趨平順。綜觀全局，我所以會有堪稱順利、有節奏、有步調、無爭執的感覺，實由於：

1．事前，對此次台美談判立場對立，早已認知清楚，美方難纏，需索不減反增，也心裡有數，對美式大國作風，出言或姿態威脅，也有心理準備。故對美方主談者開始時的暴衝，我自認為正常的現象，故我才有心思坐在談判桌文風不動，寫打油詩逗趣，藉以穩定軍心。

2.第三日起，鎖定我談判對象，將另一主談者邊緣化，我與美方主談者，可在密室商量溝通，建立默契，讓我更有信心，故能篤定沉著，回到談判桌上，可從容見機出手，尚可操之在我，對方雖有增加要求的表示，已不會影響雙方謀定的結論，所以我才會有『有節奏、有步調、無爭執』的感覺。

3.籌碼事先已報備，院長與農委會主委乃至經濟部均充分瞭解，故我在籌碼內運作，可以不必請示，所以我在談判十日內，未曾越洋電話向上級請示或報備，作為政務官，我有這種勇氣。

4.團隊一心，士氣高昂，從七時早餐會，八時到會場，馬拉松式談判，晚十時回到酒店，三十分鐘給團員洗澡後，又聚精會神開會討論，撰寫完整的報告，於當晚（清晨，華府時間）傳真給農委會，要求農委會於七時前（華府時間，即給農委會有三小時時間因應），將指示事項傳給團隊。此行事規則，也是我個人的設計，團隊作戰就如此無縫接軌。可貴的是像蕭柊瓊有二天一夜未眠，同仁也有來不及洗澡的，但無人有怨言和倦態。

5.我個人是以要準備大專聯考的拚勁，分秒必爭做好功課，腦中記憶清楚，應付場面也早有歷練，故可沉著因應。同時談話清楚，條理分明，讓美方有信心。

6．熟悉美式英雄惜英雄，誰怕誰，以及隨時有幽默調劑的風格，所以經貿官員認為此次農業組談判，浪漫又刺激。

由於台美最終回合談判確實繁重，談成不易，何況談判的結果農民又無抗爭，瞭解內情的好友，鼓勵我要將談判經過留下，故略述如上，供讀者腦力激盪，併此說明。

說明

嚴副總統前後三次奉派為特使，率團出訪，我很幸運，三次均奉派為特使團秘書，本章所述是隨團處理較為特殊的事項。

第八章

擔任特使團秘書的經驗

第一節　三度擔任特使團秘書

我是於民國六十一年八月底，接任外交部禮賓司交際科長。六十二年二月，嚴家淦副總統獲派為慶賀委內瑞拉總統就職及巴西總統就職之特使，我被指定為特使團秘書，担任禮賓、總務、翻譯及撰寫訪問報告的工作。以當時的環境而言，能担任特使團的秘書，是很光榮的事，但是工作繁重，因為當時國家的經濟不及今日的繁榮，經費有限，整個特使團只有嚴副總統夫婦，楊西崑次長，陳崇昌參議（總統府）李連庚主任（警政署外事室主任，担任特使團安全官），及我共六人，人員精簡，團務的重擔，落在我一個人身上，而全程搭一般民航機，中途換班機，行李上下，增加不少工作。

由於第一次追隨副總統，出訪後獲他肯定及嘉許，故於六十二年秋及六十三年春之另二次特使團，嚴副總統也指定我當特使團的秘書，連三次担任，深感榮幸。

第二節　嚴格管理行李，讓嚴副總統印象深刻

嚴副總統特使每次出訪，均訪問四個國家，對每個訪問的地主國總統、副總統、國會議長、副議長、相關部會首長、副首長，乃至參與接待的司長等，均會贈送禮品，包括彼等夫人在內。當時我們建議贈送的禮品，大件的以榮工處家具廠製造的大屏風及掛

屏為首選，送給總統、副總統及國會議長，一般官員則送勤益的西裝料，夫人則送珊瑚及台灣玉手鐲，每次行李打包後，約一百四十餘件，包括團員的行李，贈勳的勳章在內。行李不能掉，萬一丟掉的是勳章，真的會變成「沒有戲唱」。

因此，我特別設計，以嚴謹的控管方式，以科學方法管理，要求外交部總務處配合，方式如下：

1．所有行李除團員的行李外，每一箱均在我親自監視下核實裝箱。

2．每一箱內容物品明細，均清楚登記。

3．所有行李概依序編號，以團員的行李為先，繼以訪問國家的順序編號，從一號編列到一四○餘號。

4．每件行李，除團員的行李外，其內容物一律造冊明列，請總務處打字列印三十冊備用。

5．通知我出訪第二站第三站及第四站國家的大使館，派員到訪第一站領取行李，領取後押運回其駐館。

6．勳章之皮箱，由我隨身攜帶。珊瑚及台灣玉手飾則由陳崇昌參議攜帶。這些行李處裡的方式，事先我曾向楊次長報告，記得第一次出訪，嚴副總統關切特使團的準備情形，要我到總統府向他報告，當問到行李如何處理時，我呈上一冊打印好的行李清冊，他翻閱後問我，是誰整理的，我說明是我自己設計，並向他說明所以要如此處理，因為旅途有多次換班機，行李多，押運難免會有差錯，因此在登機及抵達任何一站時，我會親自到停機坪班機貨艙下，清點交運，每做一次用一冊，用乾淨的清冊清點註記，我只要刻板的在每件編號行李上打勾，就可確定萬無一失。他聽完，只說「很好、很科學」。特使團尚未出發，就讓他放心，我個人相信，以後另二次特使團，他也要我當秘書，不無原因。

第三節 迅速索取資料，得到嘉許

民國六十二年二月出訪委內瑞拉及巴西，慶賀該二國總統就職，特使團出發前四日，嚴副總統要我到他辦公室。由於訪問該二國，會與高層會晤，談話要有前一年的經濟統計資料，委國首都卡拉卡斯及巴西里約熱內盧的僑社也有盛大歡迎酒會，嚴副總統要致詞，他要我設法取得該二國最新，有關國情，尤其是經濟方面的統計資料。回到外交部後，我稍思索，如發電報要求駐委內瑞拉大使館及駐巴西大使館索取，一定是西班牙語（委）及葡萄牙語（巴）的資料，嚴副總統看不懂，取得後，要在國內翻譯成中文，時間也不容許，於是我親自擬電稿致駐美國沈劍虹大使，請求大使館速向華府之世界銀行，索取委內瑞拉及巴西一九六二年之英文版國情（經濟）資料，取得後速送交駐羅安琪總領事館張炳南總領事，指明於嚴副總統過境時交給我轉呈。駐美大使館辦事迅速，特使團於抵達洛杉磯時，張總領事即將該項資料交給我，等嚴副總統入住酒店安頓好，我才呈給他，他問我這麼快就取得，我報告他如何取得後，他說很好。我相信他會感受到我辦事的效率，但這是微不足道的事，最讓我驚奇的是在委京中華會館盛大歡迎會中，他致詞引述委國去年（一九七二）的統計數字，可以不看稿而朗朗上口，可見資料給他後，他很用功研讀。他的飽學和睿智，我本來就很欽佩，而他求知慾望的強烈，給我很大的啟示。

第四節 陪嚴夫人坐雲霄飛車

民國六十二年二月底，特使團出訪歸途再次經過洛杉磯，張炳南總領事安排特使團遊覽聖地牙哥的迪士尼樂園，當走到雲霄飛車站時，嚴夫人想坐，於是由我陪同乘坐，當時我有些擔心，但未勸阻。當坐上飛車於上下奔馳在軌道時，看她不害怕且樂在其中，而我在飛車俯衝下來時，尚感受到緊張的壓力。一趟下來，雖然看她開心，但我自己檢討，卻覺得當時不該做此嘗試，她已年紀大，可能會有不能預測的狀況，不應該冒這種危險，何況特使團奉派在外，不能出差錯，作為特使團的秘書，應多方面設想。

第五節 當機立斷，排除尷尬局面

嚴副總統溫文儒雅，紳士風度讓人尊敬。作為特使團的秘書，有事向他建議，他均會耐心的聽我說完，從未看到他不耐或不悅的臉色，且對我這個年輕人（當時的年紀）常給我勉勵。每次出國，他總是貼心的給我賞金，且囑付我要買紀念品送給太太。三度隨團，凡事，我均會先報告清楚，臨時有情況，他也從善如流。

如民國六十二年二月，慶賀巴西總統就職特使團，於結束在巴西首都慶賀節目完畢後，飛里約熱內盧宣慰僑胞。

當天下午抵埠，即赴中華會館拜訪，由於這是中華民國開國以來，首次副元首到訪，故僑界歡迎場面熱烈，中華會館前馬路上舞龍舞獅，鑼鼓喧天，進門一樓就是大禮堂，僑界為示隆重，從進門走道到舞台，沿台階而上，到舞台前緣桌子，均鋪設紅地毯，而桌面也鋪上紅布，當副總統伉儷抵達，中華會館主席即在門口迎接嚴副總統，並陪同進入禮堂，走上舞台，安排嚴副總統單獨就坐，我隨侍在後，當嚴副總統坐定，我發覺情形不對，因嚴副總統單獨坐在台上，而僑胞群集台下顯得他高高在上，與僑胞疏遠，待他就坐約五、六秒後，我俯身向他報告，僑社隆重接待，走道到舞台上鋪設紅地毯，恭請您坐在台上，充分顯示僑社對您的尊重，但是您是來宣慰僑胞，不能高坐在舞台上，請您稍坐，我下去與會館主席商量，請他整合僑胞列隊，整理好後，再請會館主席陪您下去，跟列隊的每位僑胞握手致意，他說「很好」，就這樣很快地排除不當的安排後，嚴副總統逐由中華總會館主席登台邀請，從容步下台階，在夫人陪同下，逐一與列隊的僑胞握手，但見僑胞興高采烈，握手致意畢，嚴副總統再由中華總會館主席陪同，登上禮臺舉行歡迎會。隨機作適當的安排，本是特使團秘書在禮賓方面應盡的責任，從容安排，未出現尷尬的局面。

第六節 趕寫特使團訪問報告，何來時差

嚴副總統銜令特使出訪，返國後必須立即向黨部中常會報告。

我第一次追隨出訪巴西、委內瑞拉、海地及巴貝多四國後返國，從舊金山搭機越洋返國，抵達台北已是星期一傍晚，抵達機場，先處理一行之行李，等一切處理完畢回家，已是夜晚八時許，對於一般人而言，在飛機上無法入眠休息，一抵台後，會昏昏沉沉，由時差造成的狀況。但我豈可有時差的影響，必須連夜整理資料，撰寫特使團訪問報告，要如寫，要納入那些內容，長官並無指示。

當時的我，已有十年從事外交官的歷練，在外館必須撰寫政情報告，因此在特使團出訪期間，我心有警惕，於副總統拜會地主國元首及其他政要時的談會內容，均仔細聆聽，記下對方有什麼表示，願景或要求，而嚴副總統作何表示，有何承諾，這些是報告的主要內容，其次是記載僑胞熱烈歡迎的情形，僑界的近況，及僑胞的心聲，其他的送

迎、款宴，我都不表。依上述內容，循出訪國家順序，逐一以較簡潔文字，作要點式的列述。同時考慮到必須於第二天下班前呈給副總統，交付打字也來不及，因此必須工整下筆，幸虧我寫的字尚工整，故第一次特使團的訪問報告，當我先呈給楊次長審閱時，他也瞭解時間的急迫性，很快看完後，他也說不必打字，要我速送呈嚴副總統。

嚴副總統閱畢，於次日上午親自打電話給我，讚許我寫得很好，他說了一句「了不起」，而這了不起一句話，是我越洋飛行，返台後，不得合眼，又一天一夜不睡得來的。時差對我來說，已被毅力推走，無言的結果，是嚴副總統隨後的第二次及第三次特使團，在未見報發表前，均經由楊西崑次長轉告我，要我提早準備，受到如此一而再，再而三的殊榮，再重的任務也值得。

說實在的，作為特使團的秘書，並非隨行跟班，也非打雜侍奉，而是為長官作妥善準備，猶如作戰時的後勤總部，不能有疏漏，同時也是尖兵，隨時注意狀況，提醒長官，集總務、禮賓、翻譯於一體，返國後又必須於最短時間撰寫報告，而報告並非一般的遊覽紀錄，而是維繫邦誼，促進邦交的歷史紀錄，能參與其中，是我畢生的榮幸。

N·E
S·W
S
E
S·E

說明

蔣中正總統崩逝，民國並無辦國殤的先例，
國殤喪禮必須妥予準備。
事出突然，諸事待辦，
必須當機立斷，繁文縟節可省須省，當事者須勇為。

第九章

先總統崩逝，國殤無先例

第一節 凌晨得知噩耗，我立即奔辦公室應變

一九七五年四月五日凌晨，蔣中正總統逝世。

當時，我是外交部禮賓司交際科長。

凌晨三時四十分左右，我的司長劉邦彥電話告訴我：「總統在一時四十幾分已過世。沈部長和兩位次長都趕來榮民總醫院，遺體暫厝榮總，日內會移靈到國父紀念館，治喪會議正式召開後，會決定國殤細節；現在我和部次長已回到外交部，駐外各館的電報已發出去了，上班後，很多事情要處理」。

這是劉司長於第一時間交代我的事。

當時，我馬上表示要趕來外交部，他要我現在不要趕來，因為部次長和他現在要回家去，一切等上班後再說。

接完電話，我想到總統逝世，猶如天崩，須馬上籌劃國殤事宜，豈能等天亮再上班？

當時，我住在文化大學華岡教授們的宿舍，當晚子夜時分，曾突然狂風急雨，我起來關窗子，但一陣疾風勁雨過後，又風平樹靜。

電話接完後，我約略告知內子，馬上梳洗，穿好衣服，即從華岡快步走到仰德大道，攔了一部計程車，急奔外交部，約四時二十分，我就坐鎮在我的辦公室應變。

第二節 擬妥計畫，即先聯絡

由於是凌晨，辦公室空無他人，一人獨處沉思，研判預估情形如下：

1. 由於蔣公是第二次世界大戰遠東戰區的統帥，為二戰英雄中碩果僅存的一位，友邦必定會派特使團來弔唁。
2. 預估國殤喪禮在一週後舉行。
3. 五十三個邦交國，以友誼深淺，研判特使團的規模，預估：

需要禮車一六〇輛；

下榻酒店三〇〇個房間；

翻譯兼陪同人員五〇人；

禮賓及核心工作人員一〇〇人；

為彰顯莊嚴和哀悼，須訂定國喪期間禮賓及陪同人員應注意事項；

為求莊重，禮賓及核心工作人員，每人製作黑色西裝乙套，預估一六〇套；

採購黑色領帶二〇〇條；

擬妥上述計畫及注意事項已是上午七時許，苦等一小時後，於上午八時，即迫不及待先聯絡：

1. 電話告知圓山大飯店劉副理（圓山飯店當時由孔二小姐當家，由劉副理對外），我先聲明，這通電話並沒有人指示我，是我自己預判形勢，我們必須先作準備。要求他：

於四月五日一週以後之一整個禮拜，必須空出圓山飯店前棟大樓及麒麟廳所有房間，將已預訂的房客，洽移統一、國賓、中泰三個飯店。他馬上答應照辦。

2．電洽總統府第三局交通科姚華生科長（少將），告訴他我預估每一邦交國會派特使來台參加國殤喪禮，預估需要禮車一六〇輛，限定凱迪拉克、林肯及別克三廠牌車，其他車輛不要，一週後之一整個禮拜徵用，問他有無問題？他馬上答應不會有問題。我再問那麼有把握，他輕鬆的表示，會商調王永慶、高雄港務局長等等座車，他手上有動員的資料，經他說明我放心不少。

3．打完電話，立即找總務科余沖科長會商，交給他製作西裝一六〇套及購黑色領帶二〇〇條之計畫，表明將先口頭報告沈部長同意後即簽辦。

嗣沈部長約於九時三十分到部，當時我尚未晤及劉邦彥司長，部長傳我到他辦公室。

他臉色凝重，一開頭就說：「林科長，總統任內逝世，民國以來並無先例，國喪要如何辦，無案可參考，要費心準備」。

我立即回答：報告部長，劉司長於三時半左右打電話告訴我噩耗，我約於四時半就趕來辦公室，就接待特使團方面，已擬妥計畫，並已明確洽妥圓山飯店劉副理，一週後必須騰出前面大樓及麒麟廳所有房間，也洽妥總統府第三局交通科姚科長，一週後須備妥一六〇輛禮車，同時也向他報告，已擬妥禮賓及核心工作人員製黑色西裝一六〇套，購黑色領帶二〇〇條之計畫，表明已先與余科長商妥，至於整個禮賓接待計畫，我會在國喪治喪委員會確定移靈、瞻仰遺體、出殯喪禮及特使拜會蔣夫人等細節決定後，我會全力準備。

他聽完我的報告，只說「好」，簡短報告畢，我就告退並趕緊向劉司長報告，部長垂詢事項，並說明自行研判的應變措施及已於未到八時三十分上班時間前，先處理好比較棘手的準備工作。此緊急事故的處理，司長告知我噩耗，他要我天亮後再到外交部，我自忖重人事件，何必延遲，立即束裝直奔辦公室。

獨自一人，無人指示，也無人可商討請教，擬妥各項計畫，於上班時間前，即當機立斷處理，較之於今日，各機關凡事要開會、要請示、不敢多錯的顧忌，必須按部就班的情形，的確不一樣。

我留在部裏掌握各動態，不敢輕離崗位，特使團的各項活動有條不紊，聯絡中樞發揮極大作用。

當時交際科屬下科員也精明能幹，發揮團隊最佳的戰力，實難能可貴。

沈部長和楊西崑及蔡維屏二位次長所以會推薦我參加六十三年十大傑出青年徵選，國殤期間，我有條不紊處理，勇於任事的態度似乎是讓他們肯定的原因。

第三節　特使團赴官邸向蔣夫人致唁

總統出殯，於上午舉行隆重儀式後，靈柩送桃園大溪，下午則安排所有特使團赴士林總統官邸向蔣夫人致唁。

由於本案決定匆促，我鑒於士林的總統官邸，從馬路轉入後，林道及庭院空間並不大，不能容納特使團龐大的車隊，唯一辦法，只有在圓山大飯店讓特使團車隊，依序分批出發。經報告劉司長瞭解我的顧慮並如何處理後，我即直接以電話向官邸高武官報告細節，表明我會在圓山飯店依特使團排序，依序控制特使團車隊，負全責做好，他瞭解後，同意可依照我的構想辦理。由於特使團眾多，國殤的節目必須做到莊嚴有序，不能流於雜亂，於是採取下列安排：

1．請所有特使團於下午一時三十分，在圓山飯店大樓客廳集合等待，客廳酌備有冷熱飯料，減輕久等的感覺。

2．由我在大廳，向特使團宣布，赴官邸車隊將由我親自控制，我會通知每一特使團依序出發。

3．特使團於出發前一分鐘，會由禮賓人員通知，並陪同登車，我站在車隊前擋車，時間到，我移步讓出車道，並禮貌的向特使鞠躬致意，車隊一出發，立即報告官邸，某特使團現已出發，好讓官邸可從容控制時間。

4．特使團依其重要性及與我國邦誼的深淺，事先已規劃向蔣夫人致唁晤談的時間，如美國特使洛克費勒副總統一行有十七位團員，給予八分鐘時間；韓國特使金鐘泌總理一行有六位團員，給予五分鐘；中非共和國總理一行三人，給予三分鐘；其餘特使團，每團給予二分鐘。

5．由於與官邸事先有協調，時間控制得宜，故向蔣夫人致唁的節目執行順利。類此技術性的安排，在當時威權時代，通常會作成計畫，層層上報，送官邸核備，但我當機立斷，以電話直接向官邸高武官報告，獲同意即認真執行，省下不少繁文縟節的文書作業，所以能如此簡化，實歸功平時工作認真，獲得官邸武官的信賴，而我自己可依此方式處裡，也減少許多壓力，做起來輕鬆愉快。

回顧國殤期間，龐大特使團集中於國殤前抵台，參加喪禮、瞻仰遺體及向蔣夫人致唁，並無特使團因節目緊湊脫序，或接待不周而抱怨之情形。

處理此種突發事件，又無先例可循，計畫周詳，讓參與接待之禮賓與陪同官員，經出簡報說明細節，以及國殤期間應有之禮儀，穿着定製之黑色西裝及長袖白色襯衫，統一打外交部購買之黑色領帶，穿正式黑色紳士鞋，長筒黑襪，不得大聲談笑，陪同外賓用餐一律禁止喝酒等，一律納入參與接待人員需知規範中。

這些瑣事，不是來自長官的指示，而是我從陽明山奔赴外交部，在天未亮前，我擬定的注意事項，經向部長口頭稟報後，即交付執行。

綜看國殤期間，參與接待的團隊，陣容整齊，舉止端莊肅穆，掌握各種細節，贏得外賓不少敬意。凡事事在人為，我也盡了作為外交部交際科長最大的能力。

說明

在公海使用流刺網捕魚，國際保育人士指責為「死亡之牆」，會捕盡所有游經過的魚類，包括海洋哺乳動物，海馬在內。我為在公海使用流刺網捕魚的大國，一時成為漁源國及國際保育人士指責的箭靶。但政府選擇做文明國家，制定計畫，配合聯合國之決議，禁止在公海使用流刺網。

第十章

禁止公海使用流刺網

第一節　使用流刺網捕魚的源起

自民國六十年代末，我漁船開始在北太平洋捕魷魚，早期採魷釣（Jigging）方式，以集魚燈誘集魷魚，再以自動魷釣機釣捕；此種釣法，能源消耗高，漁獲效率尚佳，且僅能捕獲魷魚，對其他海洋生物之影響甚小。

迨民國七十一年以後，我業者開始自日本引進流刺網法（driftnetting），因其作業成本低，會捕獲其他魚類，漁獲效率高，於是魷釣船紛紛改用流網，流網船數急速增加。

流網是用極細之尼龍絲織成，每片長五十公尺、寬十公尺，片片相連。

每一漁船一次下網可達六百－九百片，總長達三十多公里以上，每一艘漁船每天傍晚時分，放下長達三十公里以上，縱深八至九公尺的流刺網，無異在大海中安置一面「網牆」，次日曙光初露收網。

由於此種漁法容易操作，成本低，效率高，故成長迅速漸成為魚獲的主力。登記為流刺網漁業之漁船，在民國七十八年時達四百七十四艘，分別在南、北太平洋作業，其中鮪流刺網作業區還遠至大西洋、印度洋，魷流刺網漁業侷限在北太平洋、鯊流刺網漁業，多半集中在有漁業合作關係的國家經濟水域內。

遠洋流刺網漁業的年產量，已從一九八七年的六萬餘公噸，激增為一九八九年的十一萬七千公噸，其中以高價值的鮪魚產量增加最快。遠洋流刺網漁業，當時每年為台灣帶來約新台幣六十億元的財富。

第二節 死亡之牆，引起國際韃伐

由於流刺網無選擇的捕游經之所有魚類，包括魷魚、海豚、鯨魚、海龜、海獅、海狗以及美國最為在意的鮭魚以及海鳥等。

其中鮭魚係溯河產卵魚類，在寒帶河川產卵、孵化，然後在海中成長，最後又回到原來的河川上游產卵。我流刺網船在北太平洋意外捕獲，或蓄意撈捕美洲魚源之鮭魚，引起美國阿拉斯加、奧勒岡與華盛頓州，賴捕鮭為生漁民之強烈反應。又流刺網作業對海洋哺乳動物、海鳥等所造成的危害，亦遭致生態與環保人士之嚴重關切與非議，甚至形容流網為遍布海中的「死亡之牆」。

從一九八五年起，我國有少數漁船在北太平洋公海，以流刺網濫捕鮭魚、鱒魚及在南太平洋公海捕撈鮪魚，並有漁商設法，將許多國家規定不准非法輸入的鮭魚和鱒魚，輾轉銷到歐洲等地，謀取暴利。

此種竭澤而漁的作法，很快就引起國際間的憤慨。美國及加拿大等鮭魚、鱒魚的主要魚源國，以及極度依賴鮪魚資源的澳洲、紐西蘭與南太平洋各島國，因而紛紛提出抗議，我國、韓國及日本等成為箭靶，損及我國家形象。

漁源國、國際保育團體及國際媒體，均要求停止在公海使用流刺網。

雖然日本駐聯合國代表曾向聯合國提出，改善之流刺網可降低誤捕其他魚種，我國、日本及韓國漁業業者也曾試圖連線，但這些均抗拒國際海洋生物保育的潮流，也不符合我國永續發展遠洋漁業的政策。

何況美國一再以援引培利修正案制裁我國，以禁止我水產品輸美作威脅，並醞釀其他後續制裁措施，給我帶來極大壓力。

按當時我輸美水產品，每年達三億三千多萬美元，一旦遭受禁運，不僅直接造成業者經濟上的損失，間接亦將造成我五百餘艘魷漁船無法經營，影響一萬多名船員及其家庭生計。

又，美方所擬採取之後續制裁措施，亦恐將嚴重影響二國經貿關係，危及國家整體利益。農委會面對國際壓力，果斷採取改善措施。

第三節 國際要求禁止在公海使用流刺網

1. 一九八六年，北太平洋漁業委員會（INPEG）決議加強魷流刺網對鮭鱒魚及海洋哺乳類之混獲調查及取締。
2. 一九八七年，美國公海流刺網漁業管理法，授權行政機構與相關漁業國家，就公海流刺網漁業違規之取締，及公海流刺網漁業對海洋資源影響之監視等進行交涉。

在一九八九年六月二十九日前，美國如無法與相關漁業國家達成協議，總統應依漁民保護法之培利修正案規定，禁止該漁業國家之水產品輸入美國。

3．一九八九年七月十日，南太平洋第二十屆論壇（SPF），在吉利巴斯首府塔拉瓦（Tarawa）會議，決議禁止在南太平洋海域從事流刺網，並發表宣言，繼於十一月，南太論壇會員簽署威靈頓公約，規定在南太平洋海域，包括各國專屬經濟區及公海皆禁止流刺網。

4．一九八九年七月，南非政府修法禁止流網漁船在其二〇〇海浬經濟海域捕魚，及利用南非海港卸魚。

5．一九八九年十一月，東加勒比海國家組織發表卡斯翠宣言，在小安地列斯群島海域禁止商業流刺網捕魚。

6．聯合國大會於一九八九年七月十一日通過決議案，要求：

甲、在一九九二年六月三十日前，暫停（moratoria）所有大型遠洋流網在公海捕魚，防止對此區域造成無法接受的影響及確保此區域海洋生物資源之養護。

乙、建議大幅減少大型遠洋流網，在南太平洋區域內之捕魚活動，以達成在一九九一年七月一日前，停止類此活動。此一臨時措施，將延續到有關國家，能對南太平洋長鰭鮪資源，達成適當之養護及管理安排。

丙、同時要求立即停止擴充大型遠洋流網，在北太平洋公海及太平洋以外所有其他公海捕魚。

7．美國於一九八七年七月，就已立法通過「一九八七年流網作業影響評估、監督及管理法」，要求行政部門立即與在北太平洋作業之日、韓及台灣三國進行諮商，就流網之監督與執行達成協議，俾有效管理北太平洋漁業。

該法案並明訂，如該三國未於一九八九年六月二十九日前達成協議，並付諸實施者，則美國商務部長必須咨請總統，援引「漁民保護法」之「培利修正案」，禁止該等國家水產品輸美。

在此壓力下，我與美國遂於一九八九年六月二十一日與美諮商，於六月二十九日達成協議，於三十日簽署漁業協定。

8．美國眾議院於一九九〇年二月七日，通過禁止大規模流刺網捕魚法案，責成國務院透過外交途徑，尋求全球性的禁用流刺網。

繼美國參議院於一九九〇年八月一日，通過法案，要求使用大型遠洋流刺網之國家，在一九九二年六月三日前，停止大型流刺網。

倘該等國家在該期限後仍繼續使用，美國總統必須實施經濟制裁，禁止該等國家之水產品輸美，如仍無效，制裁範圍可擴及其他產品及服務業。

第四節 美國麥考斯基參議員來臺問罪

公海流刺網捕魚作業引起國際公憤，台灣成為箭靶。

一九八九年我停止核發流刺網漁船執照，當時共有四百七十四艘遠洋流網船，論規模，比日本少。

當時，我在北太平洋公海作業的流網船，約一〇〇〇—一五〇〇艘，而日本有四五〇—五〇〇艘，由於日本與美國有北太平洋漁業合作協定，共同擁有溯河性產卵鮭魚洄游的海域，而我則無，業者卻瀕瀕違規，用流刺網補鮭魚，如一九八九年，在中美漁業諮商期間，先後發生「吉羊一號」漁船違規作業，經政府處分吊銷船長及漁船執照後，仍滯留海上捕魚拒不返港；「大傑三號」違法捕鮭魚被發現後，丟棄鮭魚企圖湮滅證據。

而我漁政主管機關當時完全缺乏公海巡邏執法能力，致給予美國堅持，要求我同意美方，在公海登臨我漁船查證違規之口實。

而阿拉斯加州共和黨籍聯邦參議員麥考斯基，尤為在意。他於一九九一年率團來台，指定拜訪農委會，準備興師問罪，事先美國在臺協會告知，拜訪時間為整個上午，大有不達目的，誓不甘休的架式。當時余玉賢主委指派我接見，我以平常心接待，向他簡報南太平洋各國，南非、加勒比海各國、美國及聯合國，關切流刺網破壞海洋生物資源之情形，讓他瞭解，我們非常重視流刺網破壞海洋資源的嚴重性及各漁源國取消在公海使用流刺網的主張，並詳細說明我已於一九八九年起，即採取一連串禁止使用流網之措施，向他保證（assure）中華民國政府有不能搖撼的決心（unshakable determination），將配合聯合國一九八九年十二月二十二日之 44/225 決議案，於一九九二年七月一日起，禁止我遠洋漁船在公海使用流刺網，違者將吊銷漁業執照等處罰，請他不必懷疑。

他迢迢來台所要瞭解的，我毫不含糊地告訴他，可能他來台前，未瞭解我已採取一連串嚴厲措施，看我很有自信的保證，他聽完後並未加質問，稍交換意見，約於五十分鐘內，即結束拜會。

所以能順利結束，應歸於我們已注意到流刺網對海洋生物造成的破壞，重視漁源國的指責，以及聯合國的決議案的設定目標。

向他說明我國已採取的一連串措施並清楚表達我政府的決心，而農委會準備充分，備有英文說帖，表達清楚，麥考斯基參議員來台訪問親自瞭解後，美國政府對我國的指責逐漸平靜。

第五節　農委會順利如期禁用流刺網

我於一九八九年十二月八日，奉派為農委會副主委，當時漁業是由邱副主委茂英督導，我還未加入農委會前，農委會已有明確的方向及逐步採取的配合政策，並已採取措施執行。余主任委員為加強其信念，也常問我，而我的認知很清楚，有助於推動在公海禁止使用流刺網的政策。農委會採取的措施斷然明快，包括：

甲、一九八九年十一月十七日，公告禁建流刺網漁船，以凍結流網漁業規模。

乙、一九八九年十二月二十八日，修訂流網漁船管理規定，要求所有流網漁船赴北太平洋作業，需裝設衛星定位自動發報器，以加強管理監督。

丙、一九九〇年二月十六日，公告禁止流網漁船赴大西洋作業，以防範流網作業漁區擴大。

丁、一九九〇年二月二十四日，與美國簽約，由雙方派遣科學觀察員隨我漁船出海作業，就流網捕魚對海洋生物資源之影響，進行大規模調查。

戊、一九九〇年三月一日，成立海上漁業警察大隊，並於四月十日起派遣三艘巡邏船，赴北太平洋加強管理及取締違規捕漁事宜，此為我國成立海巡署的前身，作為漁業大國，擁有現代化海上執法船隊，勿寧是拜禁止使用流刺網之賜。由於我國公海大型遠洋流網漁業規模甚大，一〇〇—一九九噸者三十七艘；二〇〇—四〇〇噸者二九二艘；五〇〇噸以上者有一四五艘總共四七四艘，其年產量約占海洋漁業產量之十分之一，賴以為生之漁民達數十萬，如此龐大之遠洋流網漁業，要加以禁止淘汰確實不易，農委會在有效溝通及協助轉型下，未有漁民激烈抗爭，能順利完成，確實不易。

說明

一九八〇年代末及一九九〇年代初，
台灣因犀牛角及虎骨管理鬆散，
淪為國際保育團體及偏激保育人士批評的箭靶，
醞釀推動對我貿易制裁，外來壓力，促使我國致力改善，推動保育。

第十一章

大刀闊斧爲保育

第一節 臺灣淪為國際保育人士的箭靶

一九八〇年代，國際保育意識高漲，時適為台灣經濟發展由四小龍被譽為經濟奇蹟期。由於台灣比較開放，資訊取得容易，國內部分保育人士又喜挾夷制台，當時台灣未列入管理的犀牛角，仍被國人視為退燒治病仙丹，虎骨酒又被男士們認為是一展雄風的補品，民間消費普遍，導致走私猖獗。

且當時南台灣常見殺虎販售，事先遊街兜售等，引起西方保育人士的詬病。

事實上，在一九八〇年代，台灣對野生動物的保育剛起步。

一九八二年公佈「文化資產法」，對自然文化景觀，包括珍貴稀有野生動物，依法公告，並劃設自然保育區加以保護，然對野生動物產品的進口，乃至走私的查緝處罰，欠缺法律規範。

一九八九年，野生動物保育法公布施行，保育工作既有專法，管理工作始步上正軌。惟由於犀牛角（粉）及虎骨，散落民間，雖走私尚可強力緝查，而民間持有者則一時難以管理，致一九九〇年起，歐美保育團體對台灣之指責愈趨凌厲。

一九九二年十一月間，英國環境調查協會（Environment Investigation Agency-EIA）及美國世界野生動物基金會（World Wildlife Fund-WWF）即指責我國為瀕臨絕種野生動物的黑洞，及犀牛及老虎產品主要消費國，並指責我國執法不力，走私及非法販賣野生動物產製品情形嚴重，導致犀牛及老虎數量銳減，除派員來台召開記者會外，並聯合國家野生動物聯合會（National Wildlife Federation），於當年十一月，向美內政部請求依培利修正案（Pelly Amendment），對我、韓國、葉門、中國大陸實施貿易制裁。

美內政部長 Mr. Bruea Babbitt 並致函我駐美代表處丁代表表示，該部魚類暨野生動物署（Fish and Wildlife Service），依據民間保育團體提供之資料及調查結果，確定我已違反培利法案修正案之規定，表示要予我貿易制裁。此外，美國保育團體並促成華盛頓公約組織（CITES）第二十九屆常設委員會，做成對我實施貿易制裁之決議，要求美國政府不要支持我加入 GATT。

歐洲方面，有多位歐體議員，致函歐體執行委員會，促降低我產品進口配額。比利時電影院於影片放映前，曾播放抵制我國產品之宣傳片，另在非洲的南非報紙、電視及廣播電台，已有抵制我國產品之報導，圖發起制裁我國的聲浪，蔚成風潮。

第二節　農委會下猛藥

農委會鑑於國際保育團體要求制裁我國之浪潮洶湧，而華盛頓公約（CITES）第二十九屆常設委員會也決議，由 CITES 秘書處致函中共、南韓、葉門及我國，要求改善，農委會在此壓力下，大刀闊斧採取下列措施：

1．全面禁止犀牛產製品、及其衍生物之買賣、交易及進出口。

2．成立跨部會野生動物保育查緝督導小組，農委會於一九九三年，促請行政院同意成立「野生動物保育查緝督導小組」，小組委員由國防部、外交部、教育部、法務部、行政院新聞局、行政院衛生署、行政院環境保護署、內政部警政署、法務部調查局、經濟部國貿局、財政部關稅總局等機關之副首長及省市政府之秘書長組成，由農委會主任委員擔任召集人。

充份顯示政府的保育決心，小組成立後每月定期集會，發揮部會間之協調功能，訂定工作方案，有效推動。

3．成立野生動物保護小組（WPU）

農委會洽獲警政署同意，於一九九四年元月，調派刑警，在農委會設置野生動物保護小組，配合各縣市警政單位，專責查緝違反野生動物保育法之工作。

4．銷燬走私沒入的犀牛角及象牙

為彰顯政府查禁走私及販售野生動物產品之決心，我建議余玉賢主委，不能讓制裁我國之訴求形成浪潮，我應下猛藥，採取可讓外國激進保育人士可感受到的措施，焚燒走私沒入之野生動物產品。

獲同意採取公開銷燬走私沒入之象牙、犀牛角、虎皮、虎骨等活動。自一九九〇年起至一九九三年六月四日，共舉行六次銷燬活動。第一次銷燬活動於一九九〇年五月二十二日，在基隆殯儀館之焚化爐舉行，銷燬象牙及其雕刻製品共七百餘公斤，國際保育界領袖，前世界野生動物保育基金會總裁，荷蘭女皇的父親貝納德親王（Bernhard）及國際鳥類保育協會會長英博登（Christoph Imboden），由奧林匹克委員會主席張豐緒陪同，親臨焚化場見證。

此項果決的行動，引起國際媒體的重視，政府藉此行動宣示政府的決心。此後，陸續於一九九〇年十一月二十七日（第二次），一九九一年一月三十日（第三次），一九九一年十月五日（第四次），一九九二年二月二十八日（第五次）及一九九三年六月四日（第六次）一再執行銷燬。其中第六次銷燬之產品，包括二十二支犀牛角及七百四十四公斤的象牙，此批走私品，是於一九九二年十二月，在中正機場查獲，為有史以來最大宗的犀牛角走私案件，海關積極配合，表示日後走私沒入的野生動物產製品均將交給農委會銷燬。當時（一九九三年五月五日）的聯合報作如下報導：「行政院農委會四日上午在聯合國犀牛特使馬丁博士的見證下，公開銷燬二十二支犀牛角及七百四十四點九公斤的象牙。農委會副主委林享能昨日表示，這是中華民國政府自一九九〇年以來，第六次焚燬走私的野生動物產製品行動，也是全亞洲地區僅有的第六次，充分顯示我國政府查緝野生動物產製品、遏止犀牛角非法走私及嚴厲保護野生動物的決心。林享能希望在國際保育團體屢指控台灣為犀牛、老虎等野生動物的非法走私黑洞的情況下，能藉此次公開銷燬行動，明確向全世界昭告台灣的決心與努力。昨日參加該項犀牛角銷燬行動人士中，除聯合國馬丁博士及國際瀕臨絕種野生動植物交易委員會委員外，美國在臺協會台北辦事處，也特別前往現場，觀看我國該項銷燬儀式。」

第三節　修訂野生動物保育法

一九八九年六月二十三日公布之野生動物保育法，在執行上有部分不盡完善，如未登記之犀牛角或虎骨及虛偽標示保育類野生動物產製品，均無罰則；對違法之處罰太輕，不足以遏止違法行為，如：

1．非法宰殺、獵捕者，處三年以下有期徒刑、拘役或科或併科銀元三萬以下罰金，未遂犯亦予處罰。

2．非法進口、出口、買賣、交換或意圖販賣而陳列者，處二年以下有期徒刑、拘役或科或併科二萬元以下罰金；標的物如係瀕臨絕種者或珍貴稀有之野生動物屍、骨、角、牙、皮、毛、卵、器官及其製品，處一年以下有期徒刑、拘役或科或併科一萬以下罰金；常業犯並加重處罰；其野生動物沒收之。

3．非法騷擾、虐待者，處六個月以下有期徒刑，拘役或科或併科五千元以下罰金；其因而致野生動物死亡或在特定地區犯者，加重處罰。

4．未依法領有營業執照，而以營利為目的，飼養或繁殖者，處三千元以上，二萬元以下罰緩。

為提高罰則，農委會於擬妥修正法案後，我特別赴法務部請教林錫湖次長，尋求他的支持。

當我提到刑期最重提高為七年，罰金最高為二五〇萬元時，他提醒我，「享能兄，你要曉得，對人的處罰，非故意致人於死者，刑期最高為二年，而你為了違法宰殺一隻保育類鳥類，要處罰那麼高，合不合適？」當我詳細跟他說明理由，瀕臨絕種野生動物，一旦滅種，上帝也無法再創造；華盛頓公約中召示，每種野生動物的存在，均有無比的價值；台灣已進入富裕的社會，不必靠宰殺野生動物獲得蛋白質的來源；台灣必須成為文明國家，希望次長支持。

當林次長聽完我的說明後，並沒有表示其他意見，且坦誠表示，在立法院審議時，會請其部屬支持。感謝林次長對農委會的支持，法務部在立法院審查野生動物保育法修正案時，全力協助。

八十三年十月二十九日，立法院完成修正「野生動物保育法」，並予公布施行。

本次野生動物保育法，係依據舊法在執行過程所遭遇之困難問題予以修改，提高刑罰最高七年，罰金最高二百五十萬元。

期使修正後之野生動物保育法，得以遏止非法行為，落實保育之推動，使國內保育類野生動物更能獲得妥善保護，同時順應國際保育之潮流，建立國家更佳形象。野生動物保育法之修改重點如下：

一、非法輸入或輸出保育類野生動物活體及其產製品，未經主管機關同意，買賣或意圖販賣保育類野生動物或瀕臨絕種及珍貴稀有野生動物產製品者，處六月以上五年以下有期徒刑，得併科新台幣三十萬以上一百五十萬以下之罰金。常業者，處一年以上七年以下有期徒刑，得併科新臺幣五十萬以上二百五十萬以下罰金。

二、族群量未逾越環境容許量而獵捕、宰殺保育類野生動物者，基於學術研究或教育目的，未經中央主管機關許可，獵捕宰殺保育類野生動物者，使用禁止之方式獵捕、宰殺保育類野生動物，處六月以上五年以下有期徒刑，得併科新台幣二十萬以上，一百萬以下罰金，而於劃定之野生動物保護區內，犯前項之罪者，加重其刑至三分之一。犯第一項之罪為常業者，處一年以上七年以下有期徒刑，得併科五十萬以上，二百五十萬以下罰金。

三、野生動物經飼養者，未經主管機關同意不得釋放，違反此規定致有破壞生態系之虞者，處新臺幣五十萬以上，二百五十萬以下罰緩。

四、其他如：

1.保育類野生動物須辦理登記及註記；未辦理登記者，經查獲將受罰新台幣一萬以上，五萬以下罰鍰，查獲之保育類野生動物及其產製品得予以沒入。

2.保育類野生動物不得非法騷擾、虐待，違反規定者，處一年以下有期徒刑、拘役、或科或併科新台幣六萬以上，三十萬以下罰金。

3.商品虛偽標示為保育類野生動物或其產製品者，將處以新台幣十五萬以上，七十五萬以下之罰鍰。

4．至其他諸如破壞野生動物保護區，使用禁止方式獵捕一般類野生動物，飼養場所未符合規定、騷擾、虐待一般類野生動物等，均有處罰規定。

說明

小紅毛猩猩個性溫和，聰明又善體人意，於一九七〇年代起，漸成為台灣人飼養當寵物的風潮。國際保育人士指責，約有一千隻小紅毛猩猩流落台灣，造成源頭數千隻紅毛猩猩的死亡。為了遏止此種風潮，釜底抽薪，農委會推動「愛牠，就讓牠回家」，送紅毛猩猩回印尼的活動。

第十二章

紅毛猩猩的悲歌

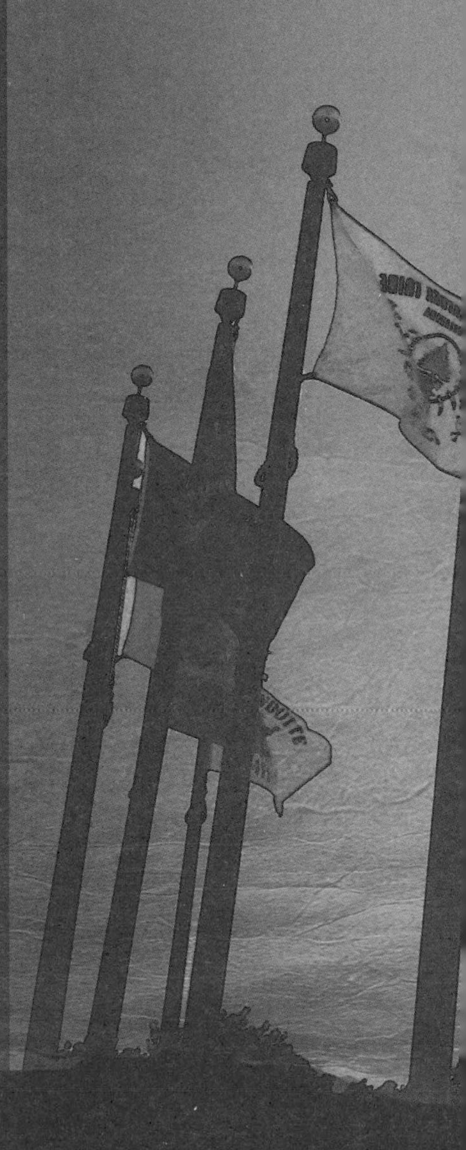

第一節　牠是「森林中的人」

人猿，英文名Orangutan，取用馬來語，原意是「森林中的人」。由於毛是棕紅色，又名紅毛猩猩。約在一萬年前，人猿曾廣泛分佈於中國南部、寮國、越南，但目前僅存活於婆羅洲及蘇門答臘兩島。

人猿演化至今，其基因與人的相似度達九六%，智商高，個性較溫和，在巨猿科中，體型大小僅次於金剛猩猩，，成熟的雄性人猿體重可達一五〇公斤，相當龐大。人猿棲息於濃密的熱帶叢林，家族成群在樹上生活，此與金剛猩猩及黑猩猩棲息於地面不同，以新鮮成熟的水果為食，也喜歡嫩枝、樹皮等。

由於小的紅毛猩猩沒有野性，溫和可愛，因智商高，又會模仿人類的動作，因此，在一九七〇年代起，隨著台灣從印尼婆羅洲進口原木，船員紛紛偷帶小紅毛猩猩入台。高雄港八號碼頭，一時成為主要走私來台的口岸。早期，野生動物保育法未訂，造成台灣民間飼養紅毛猩猩蔚為風潮。一九八〇年初，「小莉」為名的紅毛猩猩頻上電視節目，以模仿人類的動作，逗人喜歡，同時又能體會人意，讓人感覺可愛。及至一九八九年，「小莉」死亡，又有「麥克」紅毛猩猩接替，經由電視節目的媒介，更造成飼養的風潮，台灣終於成為國際保育人士的箭靶，指責紛至沓來。由於獵捕一隻小紅毛猩猩，需先殺死母猩猩及公猩猩，國際保育人士預估，台灣當寵物之小紅毛猩猩約一千隻，加上走私路途上死亡數，直指台灣已造成數千隻紅毛猩猩的死亡。而婆羅洲的紅毛猩猩族群銳減，僅存約三萬餘隻，蘇門達臘更少，負責督導保育的我，認知這點，決心必須予以遏止。尤其紅毛猩猩的繁殖速度緩慢，母猿七至八歲方能成熟，公猿則須十三至十五歲。懷孕期二三三至二六五天，每胎一隻，仔猿需與母猿共同生活六七年，等仔猿離開母猿後，母猿才會再度懷孕，以紅毛猩猩壽命約四十歲，故每隻母猩猩一生只能生產三—四隻，為免造成紅毛猩猩的瀕臨絕種，必須喚起台灣民眾，不再養養小紅毛猩猩當寵物。尤其棲息森林的破壞嚴重，加速紅毛猩猩瀕臨滅絕，台灣人不應在這方面背負罪名。

第二節　愛牠就讓牠回家

我是於一九八九年十二月初被徵調農委會擔任副主委，由於余玉賢主委有卓見，且知人善用，屬於當為就為的一位首長，我向他建議，國際間保育意識高漲，為改善我國的處境，已時不我予，必須採取釜底抽薪的手段，對紅毛猩猩着手收容、待有相當族群，健康也許可，集體遣送回印尼，我遂提出「愛牠，就讓牠回家」（If you love it, let it go home）的理念，希望藉此活動宣導和教育，同時祭出野生動物保育法，對違反規定者，依法取締處罰。

就在農委會同仁在推動階段，於一九九〇年五月間，台北市立動物園王光平園長偕台北市教育局長陳漢強，兩人來農委會商量台北市立動物園飼養貓熊案，談及動物園甫接收了九隻走私沒入，來自印尼的弱小紅毛猩猩，有一隻已送入保溫箱看護，王園長於心戚戚的說好可憐。我聽了，也覺得難過，於是就和在座的台北市教育局陳漢強局長商量，一方面請王園長務必妥為照顧，一方面我表示俟小紅毛猩猩健康許可，把這批紅毛猩猩送回印尼去。

為了提高國家形象，也為了喚起國人對野生動物保育的重視，和抑止紅毛猩猩的走私，希望國人不要豢養，先把那九隻紅毛猩猩送回去，並藉機宣導，是有必要。於是我們又商定了屆時要舉辦以國小學童為主，以保護野生動物為主題的全國性徵文比賽。陳局長也建議屆時組一五〇名台北市兒童親善訪問團，護送紅毛猩猩回印尼去。對一五〇名兒童護送，當時我尚有點遲疑，想到萬一飛機有意外，我該如何承擔？但想到藉機宣導，是一絕佳機會，於是我同意，並請他們共同來努力，農委會立即展開籌劃和準備。

第三節 舉辦徵文比賽和歡送會

愛牠就讓牠回家，遣送紅毛猩猩回印尼的計畫推出後，各界反應熱烈。由於臺北市立動物園收容的九隻小紅毛猩猩，健康情形良好，於是農委會、兒童日報、台北市教育局、建設局及中華航空公司，配合遣送紅毛猩猩回印尼的活動，同意共同舉辦以國小學童為主的「保護野生動物」徵文比賽。參加比賽的小朋友熱烈，比賽結果九位小朋友獲得優等獎，一五〇位小朋友獲得佳作獎，獲得優等獎的九位小朋友，由中華航空公司提供來回機票，參加兒童天使護送團一起護送紅毛猩猩回印尼。此項活動在當時確喚起愛心，成為具感性的活動。

剛開始，印尼政府對我遣返紅毛猩猩反應冷淡，勉強接受後，又限制我方，只能單純送紅毛猩猩，不能作其他活動。後來國際保育人士重視本案，國際媒體如英國的 BBC 等已爭相報導，BBC 並積極詢問印尼政府，讓印尼政府覺醒，不能退縮在台印無邦交，限制此項活動。保育應無國界，因此逐步重視，BBC 的事先詳細報導，最後促成印尼政府積極配合，因此我方的籌備工作積極進行。

「送猿人回家鄉」活動於出發前四天，即十一月二十五日，在台北市立動物園舉行，護送之兒童天使團包括一〇七位國小學童（含徵文比賽優選學童），由臺北市立建安國小邱校長明哲擔任領隊，並有十二位隨行照顧的老師均參加歡送會，還有來自台北市其他各小學學童代表以及自動參加的兒童，由他們的家長帶領，高高興興的來參加，場面溫馨熱烈。

台北市立動物園為本次活動準備有宣傳資料、貼紙及徽章等紀念品，歡送會活動於當天上午舉行，護送團全體學童於台北市立動物園集合，先作講習，繼由建安國小負責教唱二首印尼童謠及解說印尼有關習俗、禮儀及相關注意事項，下午由中廣「兒童世界」二位主持人主持歡送會，場面溫馨感人。參加的兒童經過這種洗禮，對保護野生動物的理念已植入童心，參與的家長也反應熱烈，活動甚具意義。

第四節 返鄉過程平安、順利、圓滿

加上護送隨行老師共一二〇位兒童天使團，專程護送猿人，意義非常重大，尤其除徵文比賽獲優等的兒童，由中華航空公司提供免費機票作獎勵外，其他的兒童一律自費，實難能可貴。

但作為始作俑的我，確有無比的心理負擔。每一位兒童上有父母、祖父母、外公外婆、叔叔、姑姑、阿姨，萬一飛機有意外，千餘位兒童至親一定會指責我，為了十隻猿人，竟動員那麼多兒童，我也是常人，會想到這點。但為了落實愛護野生動物，洗刷台灣的污名，提升國家形象，我還是選擇勇敢的做了。

兒童各自穿著自己的校服，農委會和外交部派員隨行照料，隨行也有醫護人員，加上記者群，護送場面盛大，行前我安排讓小朋友在機場貴賓室舉行護送猿人記者會，照料兒童的大人只列席，一切由小朋友自己主持，這種安排也是創舉。

抵達印尼後，獲印尼政府的重視及友善接待，於送回紅毛猩猩交接儀式後，印尼政府安排小朋友參觀雅加達野生動物園、茂植物園、縮影公園等，並且台印雙方互贈珍貴野生動物，堪稱圓滿。

隨後紅毛猩猩送回波羅州熱帶雨林區，因係創舉，引起國際間重視，世界野生動物基金會（WWF）創會元老、前任總裁伯納德（荷蘭女皇的父親）特別搭乘私人專機蒞臨波羅洲，親自參加人猿交接，當地國際學校及社區更發動學生迎接及護送。

護送團於十二月十日下午返抵台北。

當天，我請林業處副處長溫理仁代表農委會前往接機，我特別拜託他二件事，其一，希望他於華航班機平安着陸後，就打電話給我，我沒有告訴他理由。其二，安排及協助小朋友在機場貴賓室舉行記者會。感謝大家共同努力，一切平安順利。

第五節「呆呆」與我

在送回印尼的十隻紅毛猩猩中，「呆呆」是經張秀琴女士豢養多年，善體人意的成熟人猿。我不認識牠，但對牠已被馴化，懂人言又善體人意，早已聽過。

在歡送會當天上午，我特別邀記者一同去探視準備待送的十隻人猿。

在我靠近呆呆的鐵籠時，未料牠溫和的伸手抽取我西裝胸前口袋點綴的白色絲巾，看牠拿到手後，把絲巾抖開擦臉，一副人模人樣，擦完臉，又將絲巾塞回我胸前的口袋，讓我感動，留下不能磨滅的印象。旁觀的記者們都說好可愛，是的，樣子很溫和、很乖巧、很可愛，但現在牠是被關在鐵籠裡，在張秀琴女士家中，牠是被當作家中的一份子，學人走路，可自由自在活動，張女士愛護牠有加，但牠是森林中的人，應該活躍在波羅州綿密的森林樹上，不應該流落台灣。

可愛與可悲，竟在眼前展現。愛牠，就應該讓牠回家，我們已有了開始，希望最後能促醒國人，愛護野生動物，須懂得對牠生命的尊重，不要走私進口，買來飼養，我們也該做文明世界的一份子。

一分耕耘，一分收獲，當時政府的巧思，經全民的努力，在有效的社會教育下，今天走私紅毛猩猩已不復見。

「呆呆」由人間回歸叢林，牠與飼主充滿不捨，有人與人猿難捨的心靈交戰情結。當時聯合報記者林如森（現為台灣大學教授），在其護送紅毛猩猩回印尼所作一系列報導中，曾有感人的描述（刊載於聯合報）茲轉載如下：

「呆呆哀淒的哭了，一場返鄉宴弄得眾人鼻酸」

「呆呆」聰明絕頂，善體人意，與主人張秀琴相處了五年多，難分難捨。張秀琴護送「呆呆」返鄉，二十九日上午，「呆呆」已意識到即將與主人分手，硬是拒絕進入大籠子，幾經哄騙才進去，在一段「吻別」之後，「呆呆」瞬間衝上籠子頂端，哀淒的哭聲，不但使主人傷心落淚，連拍攝「呆呆的故事」的ABC節目製作群導播莎拉，也與張秀琴相擁而泣，在場人士感受一股哀愁。

「吻別」之後，「呆呆」即悶悶不樂，同時拒絕與其他人猿在一起。復育中心主任威立史密斯說，「呆呆」可能要經過一段很長的時間，才能重返雨林生活，因為牠經過很長的「人性化」管理，要重返自然，必須把過去的一切都忘掉。

讓「呆呆」重返雨林，對於張秀琴來說，也是艱難的抉擇，因為「呆呆」已被視為家庭的一分子，「呆呆」不但聽得懂中文，也幫忙做家事，甚至幫主人「按摩」，拿奶瓶餵小孩，牠有靈性、愛乾淨、有禮貌、惹人喜歡。

「呆呆」平常喜歡吃「乖乖」、魷魚絲、喝牛奶及美味水果。來到復育中心，第一次大餐是樹葉，牠不吃；在籠內其牠猩猩找牠玩，牠排拒，只有孤獨地呆坐籠子的上方。

在復育中心的大籠子裡，「呆呆」在哭，主人也掉淚。「呆呆應該回到牠出生的地方，以後我不會再養猩猩了」張秀琴說，只要牠能夠適應雨林生活，她就放心了。」

相信讀者們看完這篇報導，會有各種不同的感受。

張秀琴女士當時在飼養小紅毛猩猩蔚為風潮時，她買了牠、養牠、愛牠，視同家人，在家自由活動，呆呆也學得很快，懂人言，幫忙做家事，張女士確發揮了人性的光輝，給牠「母愛」。

在「愛牠，就讓牠回家」號召下，張女士發揮她的大愛，響應政府舉辦的活動，她不捨、她陪牠，送牠回印尼，留下人與人猿難分難捨，感人肺腑，並讓人鼻酸落淚的場景。張女士的確有愛心，主動捐出呆呆，並送牠回家。

舉辦此「愛牠，就讓牠回家」的活動，是來自於我想啟發台灣人民更深層愛護野生動物的認知。

移風易俗，本非易事，讓國民能從溫馨的活動，尤其從兒童開始來帶動風潮，送紅毛猩猩回家是難得的機會，廣獲社會各階層的鼓勵和協助，獲得國際媒體的重視，對於負責督導野生動物保育的我，不但覺得欣慰，也獲得很大的啟示。

說明

大貓熊為瀕臨絕種野生動物，已列入華盛頓公約（CITES）附錄一，我國亦將其列為保育類物種，因此農委會重視該物種的保育，故於民國七十年代末及八十年代，對引進持保留態度。國際對該物種的生存給予高度關切，世界野生動物基金會（WWF）在當時反對該物種引進我國。而國內外學者專家反對大貓熊人工飼養及展示，認為展示會減低其繁殖能力，應讓其生活在原棲息地。

七十年代末及八十年代初，我已面臨國際激進保育人士的韃伐，指責我為造成犀牛及老虎趨向滅絕的元凶，故當時農委會反對引進。八十一年，大陸原擬送台灣的大陸大貓熊「盼盼」及「愛愛」在大陸相繼死亡。

第十三章

貓熊進口之波折

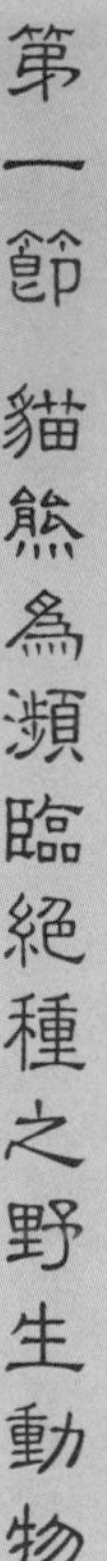

第一節 貓熊為瀕臨絕種之野生動物

（一）大貓熊（Ailuropoda melanoleuca）分佈於中國大陸四川、甘肅、陝西省山地保護區，棲息在二〇〇〇—三〇〇〇公尺處的高山，寒冷時，會作垂直遷移至海拔八〇〇公尺處。喜潮濕、低溫溫度在負十度C至二十五度C，相對溼度在六〇%至九〇%的環境。貓熊為雜食性動物，除吃竹子外，也吃魚與嚙齒動物，植物性食物除竹類外，也採食其他的植物。貓熊並未完全脫離食肉類動物的特點，故採食竹子的消化率很低，平均消化率為十七%。因此，其活動相對緩慢，盡可能減少活動使能量保持平衡，而能符合低營養和低消化率的能量來源。

（二）由於大貓熊之棲息地遭受破壞，以及面臨到獵捕之壓力，其數量已甚稀少，一九八五年之調查，野外族群量不足一〇〇〇隻，屬瀕臨絕種之物種，並仍逐年減少。

第二節 我曾反對進口貓熊

筆者於農委會任內與農委會同仁看法一致，曾力阻熊貓輸入。民國七十九年起，立法院集思會團體倡議進口貓熊，當時我國因犀牛角及虎骨問題，已引起國際保育團體的

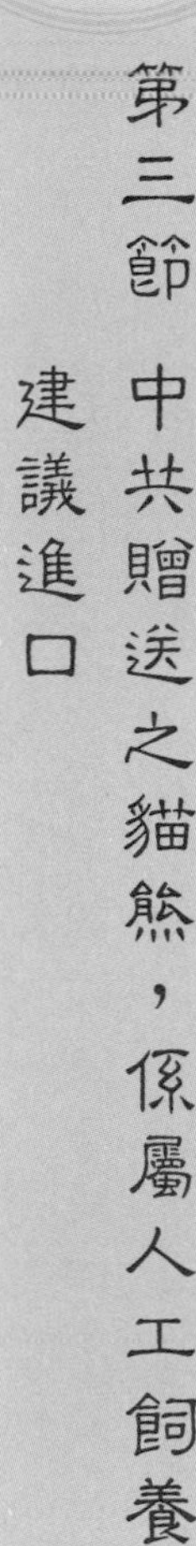

第三節 中共贈送之貓熊，係屬人工飼養，建議進口

指責，揚言對我發動貿易制裁，發動在華盛頓公約常設委員會議中，作成決議制裁我國，同時又頻頻對美國政府施壓，要求美國政府援用培利修正案，對我貿易制裁，而國際主要保育團體，包括世界野生動物基金會（WWF）曾表示，該基金會反對中國大陸將大貓熊贈送到台北，並支持我國政府勿接受大貓熊，因為大貓熊非常珍貴，不能再有人為因素而導致損失。在中國大陸從事大貓熊生態調查的美國生物學家謝勒博士（Dr. George B. Schaller），亦曾表示，將大貓熊借來展出，其生育繁殖能力將深受影響，並表示我國目前不宜引進大貓熊。

此外，就飼養環境而言，當時國內並無飼養大貓熊之經驗，農委會曾多次研商，要求申請單位提出大貓熊棲所設施之設計及建設、食物、經費來源、繁殖計畫等，且在經營及管理技術、人員之訓練必須先儲訓完備；待軟、硬體全部完備後，農委會再邀學者、專家評估大貓熊輸入之可行性。且大貓熊之人工繁殖困難，死亡率高，於運送過程或在不同環境中，更易因感染疾病、水土不服等因素而受傷害或死亡。故世界各國於當時，已具共識並嚴格限制大貓熊之輸入，以期減少野外獵捕之壓力。

由於台北市立動物園對進口大貓熊甚為積極，而民間人士洪文棟先生也促成新光集團捐款二億元，作為興建展館及進口前籌備事項之支出，展館之興建也於九十四年十月動工，預計一年內完成迎接大貓熊。此際，鑒於我國在保育方面已獲有成果，國際對我已不再指責，而二〇〇五年，貓熊在野外之數量也已成長，估計已有一六〇〇隻，進口貓熊之國內外情勢已改變，就宜否同意進口問題，我於二〇〇六年，在國家政策研究基金會撰就貓熊進口問題說帖，供台北市立動物園、農委會及國民黨籍立委參考，我建議同意進口。

當時全球圈養貓熊有一六八隻，其中自繁殖者一二二隻，十八隻在中國以外的國家，飼養貓熊的動物園包括美國國家動物園、聖地牙哥動物園、亞特蘭大動物園、西柏林動物園、倫敦動物園、墨西哥動物園、馬德里動物園、日本上野動物園、和歌山動物園、泰國清邁動物園和香港海洋公園。

第四節　華盛頓公約輸出入之規定

為提供給主管機關瞭解進出口貓熊之規範，當時我提出以下之說明。華盛頓公約對在野外捕獲屬附錄之一瀕臨絕種物種之交易，有嚴格之規定，其出口應取得出口國的出口許可證。核發出口許可證應兼備以下條件：

1.出口國之科學機構認為其出口不損害該物種的生存。

2.出口國之管理機構確定該物種係合法取得。

3.如該物種為活體，出口國管理機構確定該物種的運送過程，將使物種的身體傷害或不人道待遇，減至最低程度。

4.出口國管理局確定該物種已取得預定進口國的進口許可證。

另外附錄一物種的進口，則以進口許可證為主要管制手段。進口國之核發進口許可證，應兼備以下條件：

1.進口國科學機構認為其進口，並不以損害該物種的生存目的。

2.如該物種為活體，進口國管理機構確定該物種的收容處所，配置有適當的設備，並能加以妥善照顧。

3.進口國管理機構確定該物種並非用於商業目的（commercial purpose）。

中國擬贈送我之貓熊「團團、圓圓」，係自野外捕獲飼養後繁殖之第二代，因係屬人工飼養繁殖者，故降屬附錄二物種管理。其中要件在輸出方面，與附錄一物種所要求者，並無甚區別，但免除須"查明標本輸入許可證業已發給"之要件。對輸入國之要求，由於公約之規定，一般降為附錄二物種後，只要證明此類動物係人工飼養者，即得自由貿易，故不要求輸入國核准有輸入許可證為要件。

故依華盛頓公約之規定，中國擬贈送之二隻貓熊，在輸出方面符合華盛頓公約之規定，另國際自然資源保育聯盟（IUCN）曾認定，瀕臨絕種之動物飼養在動物園，乃物種保育策略有效的方案，可藉此種瀕臨絕種的物種分散到動物園，減少疾病傳染及其他意外的風險，也可以透過解說灌輸民眾保育觀念，故並不反對貓熊贈送給設備完善之動物園。

第五節　野生動物保育法之規定

依野生動物保育法第二十四條之規定：野生動物之活體及保育類野生動物之產製品，非經中央主管機關之同意不得輸入或輸出。保育類野生動物之活體，其輸入或輸出以學術研究機構、大專校院、公立或政府立案之私立動物園供教育、學術研究及馬戲團供表演之用為限。

故依本條之規定，貓熊之輸入，仍需取得行政院農業委員會之同意。由於當時有三家動物園爭取進口，我特別指出台北市立動物園已具有收養軟硬體設備，專家之培訓也已到位，負有科學研究、教育及物種繁殖之目的。在教育方面，台北市立動物園有完善視聽及科學資料展示設備，對國民大眾負有教育之功能，對兒童、幼稚園以下免費入場、七歲至十二歲半票、六十五歲以上老人免費，並不以商業經營為目的，符合野生動物保育法之規定。

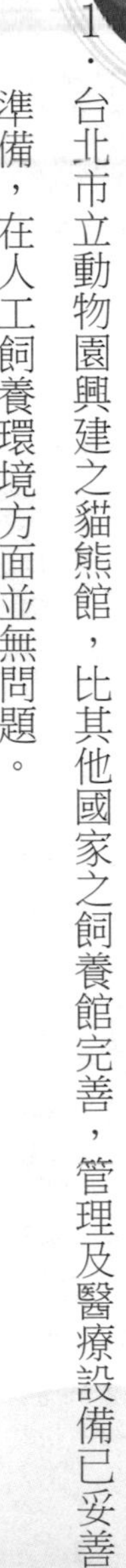

第六節　臺北市立動物園具備的飼養能力

1．台北市立動物園興建之貓熊館，比其他國家之飼養館完善，管理及醫療設備已妥善準備，在人工飼養環境方面並無問題。

2．貓熊所需之飼料竹類、台灣有豐富之竹類，今後可依需要在公有地栽種，遠比美國華盛頓動物園更充足。

3．國內野生動物研究方面之專家學者甚多，可支援台北市立動物園。

4．與中國四川臥龍大貓熊研究中心交流，亦可獲得該中心在飼養方面技術經驗之支援。

5．台北市立動物園貓熊館興建之同時，已成立包括有專家學者二十多人之團隊，故依法、依保育條件均無問題，何況民意傾向接受。

基於台北市立動物園多年之準備，有新光集團捐款支持，展館設備完善，而動物園肩負教育之目的，對幼童入園免費，十二歲以下兒童半價，故建議同意由台北市立動物園進口，其他爭相要進口之單位，並不具備條件。

說明

美國以外國保育不力，援用「培利修正案」加以制裁，對我實施是援用培利修正案的首次。

一九九二年二月在巴西舉行的地球高峰會達成「生物多樣性條約」，美國不簽署，柯林頓總統被指責保育不力，為展現他重視保育，竟選擇制裁保育不比大陸、韓國、葉門差的我國，並不合乎正義。

第十四章

美國引用培利修正案，制裁我國

第一節　培利修正案的源起

美國為保護該國漁船免於遭外國扣捕，並對出資釋放遭扣捕漁船及漁民者提供經費補償，而於一九六七年制定漁民保護法（Fisherman's Protective Act of 1967）。一九七一年，美國聯邦眾議員培利（Thomas M. Pelly）針對大西洋公海鮭魚資源養護提出一修正案，以禁止漁產品進口制裁在公海捕撈鮭魚之國家。此修正案成為一九六七年漁民保護法之第八條，通稱為「培利修正案」。此法案援用之對象，後來擴大，涵蓋野生動物，美國曾一度試圖援用培利修正案制裁日本。因日本在加入CITES時，對於將玳瑁及海龜列入保育類物種採取保留，一九九一年三月，美國內政部及商務部長遂認定日本國民之買賣玳瑁及海龜係違反培利修正條款，擬援用該條款予以制裁，但後來未對日本實施，因日本同意禁止國民獵捕海龜，並將海龜納入保育類動物。

第二節　美國醞釀制裁我國

持平而論，較之於中國大陸、葉門及韓國，我在犀牛角及虎骨之取締走私、禁止販售、納入登記管理，推動野生動物保育之教育宣導，並不會比上述其他國家差，依筆者翻閱美國內政部魚類暨野生動物署內部的報告，也作此認定，但因大陸是大國，因政治因素，保育團體及美國不敢碰。南韓較強悍，內政部魚類暨野生動物署內部之報告，僅指出韓國駐美大使已表示將配合改善，只有態度，沒有顯示有什麼做法，就這樣放過韓國。而台灣，由於因無邦交，在國際上並不強勢，猶如軟柿子，讓美國容易下手。此外，又由於台灣自由開放，媒體需要有新聞，部分保育界人士會附合因應外國保育人士之指責，成為幫兇，無形中台灣變成歐美保育團體糾纏的焦點。而在台灣，因犀牛角為藥用，民間視如仙丹，虎骨酒又被認為有助雄風，查禁也難立竿見影。一九九三年二月，英、美保育團體在美國華盛頓召開記者會，指責我國為瀕絕野生動物黑洞，犀牛及老虎製品主要消費國，並指責我國執法不力，走私及非法販賣野生動物產製品情形仍然猖獗，導致犀牛、老虎等瀕危動物數量銳減等情。該等團體除於現場散發資料外，並播放錄影帶，對我國形象造成相當程度之損害，此等保育團體陸續提出甚多訴求，揚言將促成華盛頓公約組織（CITES），於第二十九屆常設委員會做成對我實施貿易制裁之決議，並促請美國政府以培利修正案對我採取貿易制裁。

美保育團體推波助瀾，卒促使美國內政部魚類暨野生動物署，於一九九三年五月三十一日，向內政部長提出建議書，雖認定我國、中共、南韓、葉門違反培利修正條款，惟因韓國：

1. 同意外國檢查犀牛角貿易；
2. 表示將於一九九三年六月前加入 CITES；
3. 缺乏可靠之犀牛角交易資料，而決定延遲對韓國之認定。

至於葉門，因其承諾願加入CITES，並明令禁止犀牛角買賣，故美不認定其違反培利修正條款。因此，一九九三年九月八日美國正式認定我國及中共違反培利修正條款。一九九三年十一月五日，美國柯林頓總統通知國會，除非我國在一九九四年三月前提出可計量、可查證之實質進展，否則仍將對我制裁，至中共，美國並不敢碰。

第三節　為化解制裁，臺美正式諮商

美國內政部魚類暨野生動物署，於一九九三年五月三十一日，擬議制裁我案，向內政部長Mr. Bruea Babbitt提出後，B部長即於六月二日，致函我駐美丁代表，表示該部魚類暨野生動物署，依據民間保育團體提供之資料及調查結果，認為我為犀牛角及老虎產品之最大消費國，走私猖獗、政府取締無力，確認我已違反培利修正案之規定，要求予我貿易制裁。由於涉及對我制裁，我駐美代表處洽美國在台協會，認為雙方主管業務部門之主管，應有直接溝通說明之機會，俾促進雙方之瞭解，化解制裁，決定於六月中，在華府作雙方正式諮商。我奉命組團作主談人，團員包括行政院衛生署副處長張鴻仁、國貿局副組長吳文宗、財政部關稅總局編審葉廷芳、國立師範大學教授王穎及農委會主管之科長湯曉虞等六人，於六月十三日赴美，俾向美方全盤介紹我保育政策、法律規定、人力配置、執行情形、法院判決、教育宣導、國際合作、未來計畫及請美方助我加入國際保育組織等，以澄清美方誤解。丁代表並派鄭副代表文華為團長，經濟組謝副組長發達及農委會派駐美國之代表王秘書明來、黃秘書正飛等為團員，加入諮商陣容。諮商於當日下午，在內政部魚類暨野生動物署舉行，美方由美在台協會副理事主席 Mr. Richard P. Bock 領銜，由美內政部魚類暨野生動物署本案主管 Mr. Marshall P. Jones 說明本案來龍去脈，並希望此次中美雙方之諮商溝通，有助於本案之解決。我方則由我詳細說明我政府自然生態保育政策，對保護野生動物近年來所作之努力，如訂定野生動物保育法、嚴格執行法律規定、查緝走私、取締非法買賣、加強國際合作、現進行修改野生動物保育法等，並贈送我政府推行各種保育野生動物之錄影帶、海報、資料、書刊等，當場詳細介紹，供美方參考。行政院衛生署張副處長鴻仁，則說明我政府已於一九八六年起，禁止使用犀牛及老虎產品作為中藥成分，並由師大王穎教授說明我政府推行野生動物保育教育方面之情形，財政部關稅總局葉編審廷芳說明我海關查緝野生動物之法令，同時我在會中也介紹我在野生動物保育方面之成果，如台灣百分之五十二之面積為森林，致力造林育林，送紅毛猩猩返回印尼、澎湖漁民停止屠殺海豚、七股鄉民接受黑面琵鷺與工業區並存，協助民間保育團體籌募基金等，強調我對落實生態保育有決心與信心，以野生動物保育應無國界，應由全世界共同參與。此外要求美方助我加入國際保育組織，尤其是華盛頓公約組織，一旦獲得加入，我將積極參與並提供協助等。首日諮商美方表示我所提供之資料甚為詳細，認為有助於瞭解。

次日諮商，美方主談人 Mr. Marshall P. Jones 表示，已看過我方所送之部分錄影帶，對我方昨日之說明及所送之詳細資料，認為甚為有用。隨後即由各團員提出各項問題，由我方詳細說明。綜合美方所提出之問題包括：

1．我野生動物保育法所規定處罰標準太低、關切我野生動物保育法之修正、詢有無修正時間表。

2．關切我是否有效執行野生動物保育之法規，尤其是犀牛及老虎產製品違法案件之處理結果，執法之機動性及如何處罰等。

3．對於民間仍持有之犀牛角，包括登記與未登記者如何處理？有無收繳計畫？如有，效果如何？

針對美方提出之問題，我逐一說明，目前政府已公告全面禁止使用犀牛角及其產製品，因此其擁有者不管是否登記，均不得使用；對未登記之犀牛角，我可經由檢舉加以取締，予以沒收並移送法辦。至於執法方面，美方質疑農委會並無執法人員一節，我表示中美野生動物主管機構體制不同，我執法人員分散於不同機關，各級政府保育人員雖共約八百餘人，但可隨時協調法務部、調查局及警政單位互相合作，共同取締，且各單位之配合機動性良好，特殊案件在數小時之內，即可完成一次掃蕩行動。至配合國外取締，約三天之時間內亦可動員，過去數年間，經取締而受罰者已達二七八件（我方並將各案件處罰結果之英文統計資料及編印之案件送交美方參考）。至查緝海上之走私行動，則透過我保七總隊及財政部關稅總局執行，各縣市則有取締小組，因此在執法方面可說極為嚴密。至於庫存犀牛角之收繳方面，我政府已於一九九三年三月十八日，籲請民眾自動繳由政府處理，非法持有自動繳交者，將免於處罰，目前尚未統計成果。美方曾建議我價構民間庫存犀牛角方面，我方表示，由於民間庫存如未登記者，即係非法，政府不宜動用人民之納稅錢，購買被政府列為非法之產製品。合法持有人，因目前已規定不能出售及交換，僅能持有者自用，我一九九二年十一月十九日之公告全面禁止，此措施已較美方進步，美方對合法持有者仍准公開買賣，最近不僅有拍賣，甚至向我促銷，在台寄送拍賣目錄，我方並出示拍賣目錄作為佐證。（不要認為美國是公正無私，美國政府仍允許犀牛角公開拍賣，且商人還公然向我促銷情形下，如此高姿態無視我已公告全面禁止買賣及使用犀牛角及其製品情形下，卻指責我，民間還在使用犀牛角，要制裁我國，這就是帝國主義的美國。）至於美方認為我各項保育措施既已實施，在國際上似宣導不足，建議在犀牛產地國刊登廣告乙節，我代表團表示將於參加各項國際活動時廣為宣傳，並考慮在六月底，於肯亞舉行之犀牛保護會議時，刊登我保育措施之聲明及廣告。由於諮商內容涉及細節，經面對面溝通，對本案美方已有較明確之瞭解，大體上已說明完後，我正式提出六點要求：

（一）希望美方能助我成為華盛頓公約組織 CITES（Convention on International Trade in Endangered Species of Wild Fauna and Flora）、國際自然暨天然資源保育聯盟（International Union for the Conservation of Nature and Natural Resources-IUCN）、國際鳥類保護協會（International Council for Bird Preservation-ICBP）、世界野生動物基金（Wold Wildife Fund-WWF）等國際保育組織之會員，此不但有助於國際合作

且我亦可積極參與貢獻。

（二）我國已成立特有生物研究保育中心且設有研究所，未來將加強與美方進行調查研究及技術交流。

（三）希望美方能提供美國相關法律及其他國家有關野生動物保育之規定供我方參考。

（四）我願邀美方負責人員來華訪問，並擬邀請美方專家參與本會與法務部合辦之研習會。

（五）希望美方能長期提供保育相關資訊並提供我方有關犀牛角粉之鑑定技術。

（六）希望美方應自行派員到我國實地查證，瞭解我國實際保育工作之情形，不能僅憑環保團體之指控即遽下結論，以培利法案制裁我國。

Jones 主任綜合美方結論提出：

（一）感謝我方來美報告說明，並回答問題。

（二）對於我方教育下一代之保育觀念深感欽佩，並值得供美方參考，對我在野生動物保育所作重大努力印象深刻。

（三）深信我方努力於五年後將成為亞洲保育之領導者。

（四）感謝收到如此豐富之資料提供美方參考。

（五）美方對我國自然保育政策有更進一步了解。

（六）對於我方所提出之要求如技術合作等，將予考慮並加強建立溝通管道。

（七）希望我方透過新聞媒體向國際表示，我已禁止犀牛角、虎骨等之買賣，以打消生產國盜獵或商人走私之念頭，建議我在該等國家以刊登廣告之方式作宣導。

（八）最後表示，如有後續擬瞭解之技術問題，將再透過 AIT 以書面向我提出。最後表示將就我方所提供之資料，進一步加以研究，與內部檢討後，再作結論。

第四節 美國終於宣布制裁

按華盛頓公約常設委員會曾於一九九三年十一月下旬及一九九四年一月下旬，分別派遣技術團及高階訪問團來我國考察及觀察我國工作成果，考察報告所提出之結論，均認為我國在執行上有良好之進步。旋華盛頓公約常設委員會於一九九四年三月間，在日內瓦舉行之會議中，部分委員認為我國執行保育之成效仍未達要求標準，而予我國八個月之觀察後，再決定是否對我進行抵制，但會後美國無視於華盛頓公約派團來台考察之見證，竟屈服激進保育團體之壓力，不顧華盛頓公約常設委員會對我不立即制裁之決議，而於四月十一日，援用培利修正條款，片面決定對我野生動物產製品實施貿易抵制，其項目包括爬蟲類之皮鞋、皮包；珊瑚、蚌類及骨製手飾品；可食蛙腿；觀賞用活金魚及熱帶魚；鳥類羽絨及標本等，於八月九日正式將其刊登於聯合公報上；並於刊登後十日，即自八月十九日起，正式實施。美國也聲明，若我國能適時通過適當之法令及加強查緝行動，達到降低非法交易犀牛角、老虎產製品之成果，則其可立即重新考慮抵制之決定。

此次我率團赴美，行前即已預判諮商不大可能讓美國撤銷制裁提案。依美國政府的運作，柯林頓總統於一九九二年地球高峰會後，遲不簽署生物多樣性公約，背負不重視生態保育的批評，而激進保育團體鎖定台灣推波助瀾，指責我為犀牛及老虎產品的主要消費國，以需求創造供給（demand creates supply），認為我是造成非洲獵殺犀牛和老虎的元凶。美國不敢碰大陸，也不敢挑民風強悍的韓國，柿子挑軟的吃，選擇沒有邦交的我國制裁的局面。美國內政部魚類暨野生動物保育署，既已作此認定簽給內政部長，內政部長隨即簽署給柯林頓總統，柯林頓總統最後將制裁法案提送國會，任何人均會理解，要柯林頓向國會「撤案」，那是不可能的事，但又為何我還要組團？當時我是做此考慮：

1．與美國主管生態保育之官員面對面溝通，俾他們從負責督導的政務官當面說明，可獲得我對推動野生動物保育的政策、措施和執行的第一手資訊。

2．讓美方瞭解，我國對野生動物的保育，做得比大陸及韓國好，我們認為對我制裁並不合乎正義。

3．藉機建立直接管道，推動台美往後在生態保育方面的合作。

4．預判美國會實施制裁，也預估制裁為時不會太長，組團赴美有助於日後要化解制裁的阻力。

美國對我實施制裁後，我曾向美國在台協會農業組表示，此次制裁不公，我將一本既定政策，大力推動保育工作，農業組應將我實際推動保育成果，陳報美國政府，日後，我不會再派團赴美滿足美國的要求，我執行成果進展情形，請在臺協會來農委會瞭解。嗣美國政府於一九九五年六月三十日，宣布取消對我制裁，但仍將我列入觀察名單，為要求美國將我在觀察名單除名，我致力將我保育成果編妥 The Wildlife Conservation Progress 詳細英文說明，於一九九六年五月三十日，邀請美國在臺協會代表來農委會聽取簡報及說明，要求美國更正其態度。三個月後，美國內政部部長巴比特（Bruce Babbitt）於九月十一日，舉行記者會，稱讚台灣近三年來野生動物保育工作的具體成果，並宣布正式將我國自「培利修正案」觀察名單中剔除，巴比特部長特別指出，台灣在短短的三年內，修訂了嚴謹的野生動物保育法及其施行細則，積極查緝野生動物產製品非法貿易及走私活動，並將違法者繩之以法，全面推動野生動物保育教育，積極參與並捐款贊助國際野生動物保育活動等，認為可作為其他亞洲國家之典範。美國務院主管海洋、國際環境暨科學事務助卿克羅森女士 Ms. Eileen Claussen 致詞中，亦讚許台灣野生動物保育工作之進展，世界野生動物基金會（WPF）也在記者會場分發讚許台灣野保工作進展之書面聲明。

老實說，美國政府的心態，多少有帝國主義的傾向，但我保育工作在三年內獲得的成果，能讓他們稱讚，也確實不易。

第五節　不准外國人爬在我們頭上撒野

在英美保育團體推動下，卒造成華盛頓公約常設委員會會議中，要對犀牛角及虎骨主要消費國進行貿易制裁的風潮，其中英美激進團體，如英國的The Environmental Investigation Agency the Tusk Force and the David Shepherd Conservation Foundation 及美國激進保育團體，於一九九二年十一月中，分別在華府及倫敦電視台造謠，指控台灣仍繼續非法進口犀牛角，並指控台灣有十噸犀牛角庫存，對此項不實指控，我出面召開記者會否認。行政院發言人，新聞局長胡志強也公開聲明反駁，並表示將循法律途徑提告。此等激進保育人士於英倫及華府造謠後，偕美國地球島代表聯袂來台灣，在台灣激進保育人士協助下，在酒店公開招待記者，公然指責我政府保育不力，並指台灣是造成犀牛和老虎滅絕的黑洞，揚言將發動制裁。國內媒體不深入瞭解此等激進保育人士之背景，也沒有國家尊嚴不可侮辱的理念，認為是好題材，國內電子媒體為搶午間新聞，在農委會四樓會議室外走廊等我，在我迎見他們，他們告訴我上情，我開頭第一句話就說「不准外國人爬在我們頭上撒野」，並補充一句，依法我們可以把他們驅逐出境。此新聞就在午間新聞播出。

台灣也許因為長期處於無邦交，在國際場合頻頻受困，又常遭受中共的霸凌和打壓，息事寧人，委曲求全已成常態。因此不求合力對外，抗拒不義，為國挺身力爭，習慣忍氣吞聲，本身陷於軟弱而不自知。農委會也有部分同仁還認為我的風格與他們格格不入，要「板倒」我。需知，依我國入出國及移民法第二十七條規定：「外國人在我國居留停留期間，不得從事與申請停留、居留目的不符之活動或工作」。同法第三十四條又規定，違反者得強制驅逐出境。我相信大部分公職人員可能不曉得有此規定，法律賦予的主管機關也視若無睹，任憑外國人騎在我們頭上，此種現象以往如此，現也軟弱如是。

激進保育團體的惡行惡狀，還不僅如此。一九九四年三月華盛頓公約會議，於二十一日晚間，保育團體之公聽會中，英國保育團體播放訪問南非人員之錄影帶，內容指南非盜獵之犀牛角百分之九十以上輸往台灣，並指我駐南非外交人員涉及盜獵事件，並利用外交管道輸送，造成聽眾及各國代表譁然。但因錄影帶製作粗糙，影像模糊，其真實性有待深入查證。南非代表當即電傳回國查證並於二十四日上午正式發表聲明，南非警察未涉此事，也說明我國大使館人員過去及現在均未參與其事，此一打擊我國事件終告澄清落幕。

又如一九九三年六月十三日，我率團赴美國諮商犀牛角虎骨事件，在諮商會談中，激進保育團體地球島（Earth Island Institute）代表藍伯迪（Samuel LaBudde），目中無人，狂傲偏激，此君於一九九二年十一月來華，曾會同英國環境調查協會人員公開召開記者會，指責我為犀牛終結者。在我率團赴美正式諮商會中，他對我國的批判幾近侮辱，我曾多次反駁，他雖稍減蠻橫態度，但於結束討論前，突提出我應考慮以經費補助世界野生動物保護之計畫，指出我有八百五十億美元之外匯存底，不妨提出二千五百萬或五千萬美元，買回台灣之國家形象，並希望我立即採取有效之保護犀牛與老虎行動，否則該團體等將繼續呼籲對我實施貿易制裁。此君在美正式諮商會議中敢如此囂張，侮辱我國的尊嚴，但台灣有少數激進保育人士卻附和他，糟蹋自己的國家，還自認為自己是保育先鋒，當外國人的卒子，猶不知覺。

第六節　請辭以示負責

美國援用培利修正案要制裁我國，限我於一九九四年三月前，提出可行計量，可實質查證之實質進展，否則仍將對我制裁之通牒將屆期前，農委會憂於制裁即將來臨，有人認為我做事不力，要逼我下台的聲浪不斷。一九九四年三月十四日之自立早報，就以「農委會主流派醞釀板倒林享能」主題，副題「林享能外交出身，作風與農委會傳統格格不入，保育風波高漲成權力鬥爭導火線」大幅報導。當日，記者問我，我毫不含糊，凜然表示「頭已伸出來，要砍就砍」，次日報紙就以我的口語報導。其實，當時我的心境平和，無憂無怨，因為從我被徵調農委會出任副主委屆滿七個月時，錢復部長即要我出使巴拉圭，接替王昇大使，當時我衷心銘感他的青睞，很高興有此機會派駐南美唯一的邦交國，未料當我返家告知我內人時，她竟表示「要去，就請你自己去」，她的理由是要留台灣，繼續在文化大學任教兼任訓導長，同時因我的岳母住我家，她年邁，健康也不允許跟著我們旅外，因此婉謝錢部長的好意。及至郭宗清上將派赴巴拉圭接替王昇，他於担任巴拉圭大使二年七個月後，擬返國出任體育協會理事長，錢復部長又詢問我能否赴巴拉圭，我將情詢我內人，她的想法仍未變，故我又婉謝錢部長的好意，我前後婉謝外交部五度要我出使外國的機會。自己既已注定要留在台灣，有感於余玉賢主委當初敢用我及信賴我的魄力，我也就心無旁騖，竭盡心力和智慧，因應農委會面臨的問題，做好份內該做的事。及至四月十一日，美國宣布以培利法案制裁我國，十日後，即於四月二十一日下班時，我向主委告辭，他告訴我，因我負責督導生態保育，今遭制裁，必須請辭。我和顏以對「沒有問題，我寫好辭呈，明早會到立法院交給您」（立法院有院會）。在辭職函中我表示：「職奉命督導林業處業務，其中野生動物保育乙項，雖全力以赴，惟仍橫遭美國貿易制裁，擬請辭以示負責」，於二十一日上午九時，親自到立法院交給主委。主委要我辭乙事，我從不對外透露，因此同仁也不曉得，我始終心靜如水，作息處事如常，仍努力不懈，對主委也從未表現不悅。在我的辦公室，我始終將孟子「天將降大任於斯人也」之格言，掛在牆壁自勉，而辭職事最後也水過無痕，沒有發生。在農委會，因業務繁雜，我也始終抱持當為則為，不貪不取，你又能奈我何的態度從事，與同事相處愉快，也值得回憶。

說明

這不是賭氣，而是我下定的決心，整頓高爾夫球場，我是玩真的。

民國八十年代初，小白球運動興起，教育部已核准有七十九家球場，但當時沒有一家是符合規定合法的，包括老淡水球場在內。

於是農委會成立跨部會查緝小組，由我負責督導，

為支持小組查緝、取締處罰，我自動封桿支持小組放心取締。

第十五章

我不入場打球，你又能奈我何？

第一節 小白球的風波

民國七十年代初，政府為確保糧食安全，不准平地農業用地興建高爾夫球場。經濟部農業局於七十二年，限制高爾夫球場只能使用十三等則至二十六等則，田、旱地目，面積不得超過球場申請用地面積的百分之十為限。七十八年修訂規定，放寬山坡地保育地，可供開發高爾夫球場，使用面積以不超過設置面積百分之五，且細分「其中田地目土地，不得超過百分之十，一般農業區之農牧用地不得超過申請面積百分之十」，逼得高爾夫球場只好往山坡地發展，至八十一年五月止，已核准許可設立球場共有七十九家，其中營運中的二十六家，但沒有一家合法，開發中五十三家，高爾夫球場面積，小者二十餘公頃，大者一百五十公頃，總面積五，一六〇公頃。其中以新竹縣十六家球場最多，台北縣十三家次之。開發高爾夫球場時，常須砍筏森林、清除植被、全面開挖坡地、削平山頭及填平谷地，不僅改變水文特性，而且挖填土方龐大，對森林及水土資源造成極大的衝擊。加以台灣自然環境特殊，地形陡峻，地質脆弱，颱風豪雨頻繁，土壤沖蝕嚴重，因此高爾夫球場開發不當，將造成嚴重之水土流失，引起坡地之災害。

除引起水土保持問題外，有若干高爾夫球場涉及占用國有土地、違規超挖、擴大面積等，產生諸多問題，小白球的風波，引起大眾關切。郝院長於八十一年二月十七日提示：「目前對高爾夫球場之管理權責不清，執法不嚴，今後應檢討改進」。按高爾夫是體育運動，中央主管機關為教育部，並非農委會，球場之管理，並非權責不清，而是教育部不管，故當時沒有一家球場是合法之情形，依法應由教育部負責處理，但教育部未有動靜，農委會余玉賢主委就以查緝有無違反山坡地保育條例之理由，不避撈過界之嫌，指示成立跨部會查緝小組，由農委會領軍，跨出一大步查緝。

第二節　成立跨部會查緝小組

農委會為有效遏止大量森林地及陡坡地被申請開發為高爾夫球場，為減少其對山坡地水土資源及生態環境之負面影響，業於八十年六月訂定「高爾夫球場使用農業用地審查要點」，加以嚴格審查。

郝院長於八十一年二月十七日指示，高爾夫球場之管理應檢討改進後，農委會遂於八十一年三月成立「高爾夫球場水土保持及農地利用稽查小組」，邀請教育部、內政部、經濟部、行政院環境保護署、台灣省政府以及台灣大學、中興大學等學者專家組成，由農委會林業處長黃永棨擔任召集人，李副處長三畏擔任副召集人，其他各部會代表為委員，同時禮聘台大陳信雄及張石角二位教授，中興大學游繁結及段錦浩二位教授共四位亦為委員，而由本人負責督導，實地稽查高爾夫球場水土保持處理與維護情形，並清查有無擅自擴大球場範圍。其稽查對象，首批清查位於水源水質水量保護區及水庫集水區之高爾夫球場，至一般地區之球場列為第二階段稽查對象，並請縣市政府加強稽查。

第三節 玩真的，努力取締

小組成立後，計劃分三年實施逐場稽查，共實施八十五場次。

稽查內容主要為高爾夫球場於開挖整地時，需砍筏林木，大幅改變地形地貌，擾動土壤結構，引發嚴重水土流失，影響原有水文循環體系及水源涵養功能。

因球場開挖整地挖填土方龐大，極易引起土壤沖蝕，加以球場施工單位未能確實依核定之水土保持計畫，分期分區施工，開挖整地之施工程序不當，臨時性沖蝕控制設施與防災措施不足，裸露坡面未能及時植生或覆蓋，緩衝林帶不足，調節池（滯洪埧）與沉沙池功能不彰，以及農地超挖等。

稽查結果，凡發現有違反山坡地保育利用條例等相關法令者，立即函請省政府及縣（市）政府，依法勒令該球場停止新的開挖整地，並加強督導改善與列管追蹤檢查。

此外，農委會於八十三年二月至六月間，委請台灣省政府農林廳林務局農林航空測量所，應用航測照片判釋高爾夫球場開發面積，共有「長庚」等三十家球場，使用土地面積超過教育部核發之設立許可證所載面積。如高雄信誼球場，核准面積為七十三公頃，開挖面積一百二十一公頃，超挖四十八公頃；第一球場，核定面積一百一十一公頃，開挖一百五十八公頃，超挖四十七公頃；又如南一球場，核准三十一公頃，開挖七十二公頃，超挖四十公頃。依行政院八十四年三月核准公布之「高爾夫球場整頓情形說帖」，鎖定處理原則，涉及超挖之球場，應就其超挖之「林地」，恢復造林。

故於八十四年三月至四月間，農委會會同農林廳、住都局、林務局、水土保持局、縣政府等機關，分批勘查南峰、台中、鴻禧大溪、揚昇、東方、第一、幸福、東華、楊梅、保富、南一、高雄信誼、北海、宜蘭礁溪等十四家為違規開放使用，涉及超挖之球場。同年八月函請台灣省政府督導所屬縣（市）政府，通知球場經營人自通知之日起一年內，應就其超挖之林地，恢復造林。屆期未就其超挖之林地，恢復造林者，該管縣（市）政府應依森林法規定予以處罰。

查緝小組認真執行之成果，迄八十七年三月底止，各縣（市）政府計已依違反「水土保持法」、「森林法」或「山坡地保育利用條例」等事由，對三十八家球場共處罰一一六次，罰緩金額共計四，〇三四，〇〇〇元。按農委會成立跨部會查緝小組，鐵面無私，認真勘查，並用航測圖比對，其目的，並非專責查辦高爾夫球場之違規，而係糾正其錯失，並輔導其改善，依政府配合改善之措施，協助其合法化。

涉及超挖之球場，為取得合法地位，均依教育部八十三年六月六日頒布之「高爾夫球場管理規則」，鎖定申請程序，重新提出申請。

迄八十五年底止，已獲教育部同意面積變更籌設許可者，計有「北海」、「高雄縣信誼」、「南峰」、「宜蘭縣礁溪」、「揚昇」、「東方」、「台中」、「八里國際」、「長億」、「美麗華」、「蓬萊」、「立益關西」、「全國」等十三家。

其他未合法之球場，亦依規定改善，並申請變更。時至今日，欣見高爾夫球運動蓬勃發展，而我高爾夫球好手，紛紛揚名國際，回憶當時之用心，輔導球場步入正軌，取得合法地位，農委會不忘會撈過界，採取合法、合理、合情之明智措施及徹底執行，實功不可沒。

第四節 我毅然封杆，支持小組勇敢去查緝

八十一年三月，農委會成立跨部會「高爾夫球場水土保持及農地利用緝查小組」時，已有二十六家高爾夫球場開放營運，其中包括林口、長庚、台北、鴻禧大溪、鴻禧太平、高雄市澄清湖、北投國華、新竹、花蓮、彰化、台中縣豐原、台豐、霧峰、桃園、海軍左營、新淡水等，大部分球場幕後老闆，多為可呼風喚雨的財團，而位高權重的政府首長，當時筆者就已知悉，每人均持有多張球證，我為支持取締小組鐵面無私執行查緝，預判受到取締之球場，自然會告狀，甚至告狀到最高當局，如首長立場動搖，予以關切，會造成執行的困擾，故查緝小組於八十一年三月成立時，帶領查緝小組的副召集人李三畏副處長，笑顏問我：「我們去查緝，對嚴重違規，依法當場要求球場勒令停工，你敢做嗎？」他這句提問，我不認為是挑釁，我也自然的回答，「放心我全力支持，我可以從今日起，封桿不打球，表示我的決心，不要怕幕後財團告狀」。我最後說「我不入球場打球，他們又能奈我何？」沒有人強迫我，我很自然地作了這個決定。

我喜愛運動，就讀高雄中學初中時，我是雄中田徑、排球和游泳校隊，直升雄中高

中時，我仍然是田徑和排球校隊，而進入政治大學後，我依然是排球及田徑校隊，並曾擔任田徑隊長，擅長三鐵，並曾在民國四十九年三月，在台中體育場，於中上聯運會中，超越師範大學體育系，獲得大專組國防體育手榴彈擲遠冠軍，獲金牌乙面。

高爾夫球本是我規劃，於邁入六十歲後，休閒運動的主要項目，但為了能遏止當時從北到南到處可見違規超挖的高爾夫球場開發，為了支持查緝小組勇敢向前，在無人牆破我情形下，毅然作封桿的決定，未料我的封桿，竟成為我從事高爾夫運動的休止符。

其實，我的體會，應驗了塞翁失馬，焉知非福的啟示。

我因無打高爾夫球的念頭，自然的，我回歸每日晨間到田徑場晨跑，後來改為快走和早操，間赴游泳池游泳或健身房鍛鍊，且持續到今天，仍維持此良好習慣未變。

四年前，為了健身，志願在台北市師大附中健身房當志工，一方面自己鍛鍊，一方面偶爾指導學生，自己樂在其中。回憶我於駐委內瑞拉代表任內，曾專心照料呂良煥及呂西鈞二位高手參加西蒙波利瓦杯（南美杯）的比賽，看他們的球技，讓我入迷。

時至今日，國內眾多青年好手揚名國際，台灣成為高爾夫球王國，現已有深厚基礎。台灣所以有今日，我個人認為要感謝當時的余玉賢主委，在郝院長指出高爾夫球場的管理權責不清後，即不避嫌，以森林及水土保持中央目的事業主管的立場，成立跨部會查緝小組，其目的除取締不合法外，並輔導球場合法化，我也以此理念支持跨部會查緝小組，小組的全面查緝，完成使命，也讓人欣慰。

說明

台灣於一九九七年三月十九日爆發口蹄疫，二十日正式宣布，距一九二九年有效控制口蹄疫後，已歷六十八年成為非疫區，但一夕之間，山河變色，面臨浩劫。口蹄疫重創畜牧業及台灣的經濟。

本人於爆發當時，督導畜牧產業，投入應變，面對全面淪陷的浩劫，要處理的事項繁多，本章所述，謹略述本人當機立斷應變的事項及經過，與讀者分享。

第十六章

養豬產業的浩劫——口蹄疫

第一節 畜產業最恐怖疫病－口蹄疫

口蹄疫（Foot and Mouth Disease, FMD）是一種極急性，極高度傳染性疾病，感染對象為偶蹄類家畜豬、牛、羊、鹿以及野生偶蹄類動物，一旦受到感染，口、鼻、舌、趾間、蹄冠、乳房及乳頭皮膚，產生水泡然後糜爛，造成產肉產乳能力大幅下降，並會造成仔豬、小羊等大量死亡。由於口蹄疫可藉接觸與空氣傳播，擴散容易，堪稱為畜產業頭號傳染性疾病，也是國際貿易中，各國動物檢疫的首要傳染性疾病，國際畜疫會將之列為最重要的十五種A表疾病之一，我國動物傳染性疾病分類亦列為甲類疾病。

按口蹄疫病毒血清型，亞洲地區已發生的有O、A、C及Asia1型，每型病毒又有亞型，其中O型有十四種亞型，A型有四十三種，C型有五種，Asia1型有三種，故防範不易，這就是為什麼各國對進口畜產品檢疫方面，嚴格把關的原因。

第二節 臺灣口蹄疫的爆發

台灣於日據時代一九一三年至一九一六年、一九二四年至一九二九年前後發生兩次口蹄疫，一九二九年撲滅後，至一九九七年，已歷時六十八年未再發生。因為是非口蹄疫國家，台灣豬肉銷日本又受歡迎，使台灣養豬產業蓬勃發展。在口蹄疫未發生前，台灣銷日本之豬肉，每年約二十五萬公噸，換算頭數為六百五十萬頭，佔日本進口量四〇%。未料一九九七年三月七日起（省農林廳之會議紀錄）先後有台北、桃園、新竹、彰化、雲林、嘉義、台南及高雄等八縣，發生豬隻大量死亡之疫情，症狀類似「豬水泡病」案例。猶憶三月十四日，我應苗栗縣徐成垄立委之邀請，赴苗栗查看野溪防治工程，於赴苗栗途中，即接獲畜牧處同仁的電話，報告新竹及桃園縣發生仔豬整胎死亡案件，我聞訊，特提醒同仁務必將死體送淡水家畜衛生試驗所檢驗，當時，我就懷疑可能是口蹄疫。及至三月十九日上午八時二十分許，我已在辦公室，畜牧處長謝快樂來見，見他眼睛泛紅，一副沮喪的面色，他一開口就說「報告副主委，豬隻離奇死亡，證實是口蹄疫」。他說明，今日（十九日）凌晨二時許，淡水家畜衛生試驗所，已檢驗確定是口蹄疫病毒，屬O及Asia 1混合型，我還提醒他恐怕不會兩型混合，需確實檢驗。

與謝處長簡單對話後，我要謝處長一同見主委。我告訴主委，謝處長剛才已告訴我，豬離奇死亡是口蹄疫，凌晨二時許，淡水家畜衛生試驗所已檢出，病毒株是O及Asia 1混合型。他聽完感到吃驚（任何主管農業的的首長，那是必然的反應）。經他稍詢問謝處長後，我建議依國際規範，應該馬上宣布疫情，他訓我「緊張什麼，等弄清楚，明天在行政院院會中宣布」。他已作此指示，我自然遵命，但我又建議，於院會宣布的同時，可否由我赴立法院經濟委員會宣布？他同意後，我與謝處長就退出主委的辦公室。

第三節 遇此浩劫，不容遲疑

由於口蹄疫是全球認定為畜產業的頭號病毒，依國際畜疫會的規定，發現爆發此病毒的國家，必須於二十四小時內宣布，並通報國際畜疫會。主委已作延遲一日宣布的指示，但我還是依國際規範毫不遲疑，立即親自處理，包括：

1．電話通知國貿局林義夫局長。告訴他養豬產業爆發疫病，請他於即刻起，停止核發豬肉外銷日本的許可證，並告知明（二十日），一定會以公函通知國貿局，請先勿洩漏消息。

2．電話通知財政部總稅務司詹德和，同樣告訴他養豬已爆發疫病，請他於即刻起攔下在基隆及高雄港外銷日本的冷凍及冷藏豬肉所有貨櫃，不得輸日本，承諾於明日上午，農委會會有特急公文送財政部，並請他不要洩漏消息。

3．請畜牧處速擬緊急應變措施，包括如何隔離罹病豬場，避免擴散、掌握疫苗、立即施打、控制病原、罹病豬隻立即撲殺、研擬撲殺補償等。

4．畜牧處於每日午前及下班前，二次通報每日疫情。

5．決定於下午一時三十分，在農委會召開口蹄疫緊急應變危機處理會議（後來因中央成立危機處理小組，故易名口蹄疫緊急防疫措施檢討會），通知省農林廳、家畜衛生試驗所首長，務必趕來參加。

第四節 當機立斷，採取緊急措施

下午一時三十分，農林廳戴副廳長謙及陳科長良仁，家畜衛生試驗所劉所長培柏、鍾主任明華及林榮培、李淑慧、林有良、杜文珍等參與檢驗之同仁以及農委會李主任秘書健全、許天來科長等，參加本人主持之口蹄疫緊急防疫措施檢討會議，於聽取農林廳及家畜衛生試驗所報告，經研討後，當機立斷，作成不再呈報，應立即執行之會議結論如下：

（一）口蹄疫是一種極急性，高度傳染性的病毒性疾病。對於家畜（牛、羊、豬、鹿）以及野生偶蹄動物等，均會感染發病。其特徵是在口及鼻外圍黏膜、趾間和蹄冠部皮膚產生水泡及糜爛。由於此病可藉空氣傳播，而且病毒對於環境以及消毒劑具有極高的耐受性。因此世界上所有畜產國家，均高度嚴防此傳染疾病，也是各國檢疫首要傳染疾病之一。本病毒不會人畜共通傳染，故不會感染人。

（二）疫情及診斷：此次自台北、桃園、新竹、彰化、雲林、嘉義、台南、高雄、屏東九縣發現豬隻發生水泡性病例，經台灣省家畜衛生試驗所、屏東技術學院獸醫學系及中興大學獸醫學系診斷確為口蹄疫。由於目前中國大陸、香港、菲律賓、東南亞各國口蹄疫盛行，病毒極可能係國人旅遊或畜產品走私所帶入，再經由豬隻移動而擴大散播。

（三）經分析及檢討我國疫情，將採取下列緊急防疫措施：

1．依國際慣例發布疫情。

2．暫停活豬及豬肉輸出簽證：本（十九）日已通知經濟部商品檢驗局及國貿局，暫停核發偶蹄動物及其冷凍、冷藏產品，主要為活豬及豬肉，輸出簽證及通關。同時並已通知財政部總稅務司，自本日起，務必攔下基隆港及高雄港外銷日本之豬肉冷藏冷凍貨櫃。

3．發病豬場處理：對已診斷為口蹄疫豬場，將立即限制豬隻移出，管制人員進出及加強消毒措施，並動用庫存四萬劑口蹄疫疫苗，進行免疫注射。另為防止疾病散佈，死亡豬隻依動物傳染病防治條例規定，由動物防疫人員監督，於發生場就地掩埋、燒燬，除非能以密閉方式運輸，原則不許化製處理。

4．緊急採購疫苗：立即向國外口蹄疫疫苗供應廠，採購疫苗，供全面防疫使用，擬動用「豬瘟及假性狂犬病疫苗週轉金」及本會相關經費，由台灣省家畜衛生試驗所，依規定辦理緊急採購。全年估計疫苗需求約一千八百萬劑量，每劑約新台幣三十至四十五元。於緊急防疫期間，由政府酌予補助。其後再改由民間廠商自行輸入銷售農戶使用。

5．加強死亡豬隻處理管制：發生場豬死亡率約為百分之五，但小豬死亡率可達百分之五十以上，發生場將一律加強監督其死亡豬隻處理管理，防止其非法流出。

（四）口蹄疫對我國畜牧產業將產生重大之衝擊，目前我國每年外銷豬隻約六百五十萬頭，金額約四七二億元，將因口蹄疫之發生已無法外銷，勢必造成豬價暴跌，豬農將受慘重損失，又相關產業也將出現骨牌效應，衍生社會及經濟問題。

（五）成立『口蹄疫危機處理小組』以規劃、監督及推動緊急防疫及產銷輔導措施，由林副主委為召集人，陳廳長武雄為副召集人，謝快樂處長為執行秘書，戴副廳長謙為副執行秘書，小組成員包括：行政院五組、農委會、內政部警政署、經濟部商品檢驗局、國貿局、台灣省政府農林廳、台灣省家畜衛生試驗所、台灣省畜產試驗所、台灣養豬科學研究所。並依需要，下設工作執行小組。

由於面臨如此重大浩劫，身為督導的政務官，基於事發緊急，我未請示主委，即作了上述決定，再將決定呈報主委。

第五節 解決疫苗問題

口蹄疫爆發當時，台灣飼養的偶蹄類畜產有豬一千二百萬頭、牛三十萬頭、羊五萬頭，口蹄疫疫苗庫存僅四萬劑，一時需要大量疫苗，在十九日緊急防疫措施檢討會議中，作成需緊急採購一千八百萬劑的決定，尤有甚者，家畜衛生試驗所診斷的病型為O及Asia 1混合型，究係O型抑或Asia 1型？必須盡速確定，俾利採購疫苗。因此本人於十九日下午，疫情未對外宣布前的緊急措施檢討會議中，即要求畜牧處派宋華聰技正攜帶檢體速飛英國，如經濟艙無機位，可訂商務艙，專程送病毒株至英國Pirbright實驗室請求協助，鑑定病毒型別，我還當場以電話聯絡英國駐華代表，請求協助給予簽證，英國代表允配合。我雖已作此安排，但事後家畜衛生試驗所為求迅速，選擇以快遞方式，於二十一日，將二十六個檢體寄英國，英國 Pirbright 實驗室於三月二十五日，即電傳台灣衛生試驗所，告知於十三個檢體中，有六個為 O 型病毒，三月二十九日又來電傳，告知所送檢體鑑定為 O 型病毒，家畜衛生試驗所為求慎重，於當日邀請台灣大學獸醫系賴秀穗教授及該所研究員進一步檢驗，至三月三十一日凌晨，結果顯示病毒為 O 型，對有否混合亞洲一型病毒的存在，有待進一步分析。家畜衛生試驗所為求進一步確認，又電請 Pirbright 實驗室確認所送檢體是否有二型病毒感染。四月一日，家畜衛生試驗所接獲 Pirbright 回傳，明確告知該試驗室所作結果顯示，並未驗出另有亞洲一型病毒，至此，病毒確定為 O1 型，因此農林廳原擬第三次採購含 Asia1 及 O1 兩型之疫苗，不予決標，病毒型既已確定，必須火速採購疫苗。

按省農林廳共擬採購八百萬劑，其中首批三百萬劑為 O1 及 Asia 1 兩型疫苗，已分別於三月二十一日採購二百五十萬劑，二十四日再採購一百萬劑，此三百五十萬劑至四月四日，到貨的只有三百零六萬劑，另五百萬劑本就預備於英國 Pirbright 實驗室確定型別後再進行採購。

第六節　親自處理，自阿根廷進口疫苗

英國Pirbright實驗室，於三月二十五日告知病毒檢體部分屬O型，二十九日再告知我方為O型後，農林廳家畜衛生試驗所竟遲疑六日，延至四月三日下午五時，辦理標購五百萬劑，其餘三百五十萬劑準備於四月八日完成標購。口蹄疫爆發，為撲滅疫病，在養的偶蹄類家畜，應立即全面施打疫苗，每隻一針，這就是為什麼我在三月十九日召開的會議中，決定緊急進口一千八百萬劑疫苗的理由，但家畜衛生試驗所，因係基層單位，未敢大刀闊斧直接緊急進口，而以平常方式，依法辦理標購，步步為營，無法迅速掌握疫苗，而省屬單位，中央也不便直接干預，故自三月十九日爆發口蹄疫至四月十七日，幾達一個月時間，農林廳採購到位的疫苗只有四百五十六萬劑，離緊急需要量相差太遠，令人擔憂。

正需要我坐鎮督導各項應變措施之際，適我於三月初就已安排，於四月三日入住台大醫院，安排於四日下午開刀，但我因一輩子未住醫院動手術，於手術前禁食時間內，自以為吃一點東西無所謂，於四日清晨偷吃一粒蓮霧，在準備要進開刀房前醫師問我，有否吃食物，我據實以告有偷吃，因此當日手術取消，改延一日，五日開刀，當日之口蹄疫情擴大，已如荼如火。據農林廳統計，至四月五日止，發病場已達一，九七一場，發病場在養頭數一六七萬一〇〇六頭，且每日新增發病場數約一〇〇場，每想到可對症防疫的疫苗不可得，我心急如焚，手術後休息一日，於第三日（七日）下午，担心疫苗

嚴重不足，本人隱瞞了醫師忠告，溜出病房回農委會，我只要脖子不要扭動是可以辦事。在畜牧處略與同仁討論瞭解困境後，我即向同仁表示，我要親自解決，向阿根廷採購疫苗。

我所以有此意念，乃由於一九七〇至一九七二，我係駐阿根廷大使館秘書，阿根廷為畜產大國，曾遭口蹄疫侵襲，一九九〇年起，為消滅口蹄疫，阿根廷衛生暨食品署（SENASA）大刀闊斧，在全國二十二省成立四七〇個 SENASA 注射隊及設立三四〇個注射站，強制農民必須通報疫情，如不通報，查到後除重罰外，並將判刑，故一九九〇年徹底執行，當年口蹄疫發病之牧場即銳減，立下抑制口蹄疫可作典範的案例。阿根廷科學文化水準高，曾有三位科學類諾貝爾獎得主是阿根廷人，在阿根廷接受教育，並在阿根廷工作研究，純係阿根廷育成的傑出科學家。

阿根廷駐華代表 Dr. Raul Desmaras Ruzuriaga，曾任阿根廷外交部次長，位階高，與我係好朋友。一九九三年聖誕節次日，我曾邀請他偕智利及荷蘭三國駐華代表夫婦，在我住家聚餐，我彈電子琴充當樂隊供他們跳舞。

讓同仁們瞭解此背景後，立即與 Desmaras 大使聯繫，請他聯絡其政府，請求緊急協助我採購所需五百萬劑 O1 型口蹄疫疫苗。由於阿根廷衛生暨食品署（Servicio Nacional de Sanidad y Calidad Agroalimentaria—SENASA）署長 Dr. Luis O. Barcos，於我口蹄疫發生時，曾致函本會畜牧處長慰問，由於慰問函係用西班牙語，謝處長不懂西班牙語，因此處長馬上呈給我，故我於八日獲得 Desmaras 大使回報，告知渠已呈報其政府，獲允將協助緊急供應我五百萬劑疫苗後，我於當日（八日）下午，再從台大醫院溜出，坐鎮畜牧處聯絡，親擬致函 Luis Barcos 署長函，請其報價五百萬劑疫苗，並請其提供何時可交運，分批或整批，疫苗效力等資料，我表示將開具信用狀付款，並請其派專家來台指導，同時慮及一般商場交易，通常會收到信用狀後，賣方才會備貨，但我因迫在眉睫，告訴他，讓我以農委會副主委身分，出具保證函給阿根廷駐華代表處 Desmaras 大使作擔保，希望他馬上出貨。由於我於駐委內瑞拉代表期間，曾協助眾多國內廠商進行貿易，熟知進出口貿易情形，為 SENASA 能立即備貨及交運，我必須有明確可信賴的保證。早期的經驗，讓我可馬上救急應用，解決緊急進口疫苗問題，坦白的說，自己也覺得很欣慰（參閱附件 A 四月八日致 Dr. Luis O. Barcos 原函）。

由於阿根廷與台灣時差十二小時，他也馬上於八日報價，每劑到岸價〇．三八美元，有此價格後，我將整理好之資料，交給家畜衛生試驗所，囑迅作政府直接採購（委託中信局），並將此決定於九日致函阿根廷駐華代表，明示此函並作我政府之擔保，俾賣方可迅速出貨。Barcos 署長於收到我致 Desmaras 大使函提供擔保後，於四月九日立即復函，並表示阿根廷政府決定予我人道協助，將疫苗由每劑〇．三八美元降為成本價〇．二六美元（CIF）（請參閱附件原函B、C、D）（註：跨部會口蹄疫危機處理小組每劑是以台幣四二．五元計算）同時就疫苗之使用，並派 Dr. Abraham Falezuk 及 Dr. Adolfo Casars 兩名專家自費來台指導。由於此批疫苗之採購乃至阿根廷政府以人道關懷助我，係由我個人主導，當時因我仍在台大醫院，在不能外出下，卻溜出辦妥此事，其過程我並未呈報或提跨部會危機處理小組報告。四月二十七日，阿根廷疫苗運到，二名專家也抵台指導，事後我於五月五日致函Barcos署長，除對派二名專家來台表示感謝外，並告知，我將再採購八百萬劑疫苗，請其繼續予我協助（該函請參閱後頁）。

尤值得欣慰的，台灣養豬科學研究所將進口之各廠疫苗作測試比對，阿根廷O1 Campos疫苗效力最高，名列第一。持平而言，能快速購得好疫苗，對疫情的控制可發揮最有效的作用，何況獲得阿根廷政府人道協助，以每劑美金二角六分，成本價緊急供應我疫苗。在農委會二度跨部會口蹄疫危機處理小組提出之報告中，提到向阿根廷採購疫苗乙節，第一次提起表示是「經由外交途徑緊急向阿根廷洽購」，第二次報告中提起，係「向阿根廷農業部緊急洽購」，由於我不吭聲，致有此揣測。本案並非透過外交途徑，也非洽阿根廷農業部，是由我自己洽好友阿根廷駐華代表Desmaras大使，直接洽阿根廷經濟部食品暨衛生署署長Luis O, Barcos達成了。最好的疫苗，最快速度取得五百萬劑，且以成本價供應，同時還自費派二名專家來台指導，的至為難得結果。疫苗如以一千萬劑計算，向阿根廷採購可節省二億七千一百萬元。阿根廷疫苗變成我抑制口蹄疫擴散疫苗的主力，且委託中信局採購，作業迅速也方便。

依據農林廳針對進行全面預防注射，所需疫苗數及經費金額提出之報告，有關支出經費，台灣省家畜衛生試驗所採購八百萬劑量支出二億七千四百萬元，中央信託局採購五百萬劑量支出三千五百七十五萬元，金額合計約為新台幣三億一千萬元，兩相比對，可看出價格之落差。

第七節　劫後省思

我為豬肉可外銷日本，抱持含混的態度，將類似病情，歸為「豬水泡病」，加以已六十八年無口蹄疫發生，致未能於爆發之初，即採應變措施，導致此次於斷定為口蹄疫時，全省從北到南，已有二十八個養豬場淪陷，經此浩劫，個人心情沉重，爰作省思如下：

一、省農林廳於八十六年三月七日，即發現桃園、新竹、彰化、雲林、嘉義、台南、高雄及屏東之養豬場，有豬隻大量死亡的案例，認定類似「豬水泡病」，欠缺憂患意識，做徹底檢驗及防堵，致三月十九日，淡水衛生試驗所檢驗，診斷為口蹄疫時，已是時隔十三日後，擴及九縣，二十八個養豬場發病，西部沿海除台中縣外，全部淪陷。衡之常理，再猛的病毒，不可能於發現時，竟然是全省西部各縣全面淪陷。當時我很難接受，我還懷疑，會否是「敵人」放毒，破壞我經濟？否則我們要懷疑，口蹄疫之爆發，應比三月七日還要早。三月七日認定的水泡病，應該是口蹄疫。

二、台灣已歷經六十八年非口蹄疫國家，養豬產業興旺，缺少憂患意識，致：動物傳染病防治條例規定之甲類惡性傳染病前三名，分別為口蹄疫、水泡性口炎、水泡病。此三種病徵，在外觀上相似，均會長出水泡，糜爛斑等症狀，但水泡病及水泡性口炎不會造成豬隻大量死亡，口蹄疫則會產生。由於台灣所有防治人員從未看過口蹄疫病，（不能責怪他們，因為台灣於一九二九年起，就無口蹄疫病），又缺憂患意識，致三月十九日清晨確定豬隻罹口蹄疫病，依三月二十日之統計，全省共有十縣二十八個養豬場感染，西部除台中縣外，全部中標，情形嚴重。我雖於十九日未公開發布疫情前一日，召開緊急措施檢討會議，快刀斬亂蔴，訂定各項因應措施，但口蹄疫病毒傳染迅速，如今想來，當時之考慮尚嫌不足，實應將此浩劫當作災難，比照總統宣布緊急命令方式，由農委會主委報請行政院，將防堵口蹄疫，宣布進入緊急狀態，俾進行：

1. 頒布豬場豬隻禁止移動措施，動用軍警設路崗檢查控制。
2. 停止採購法需公開招標之程序，由政府直接採購疫苗，以求迅速。
3. 組織注射疫苗隊，對全省偶蹄類養豬場全面施打疫苗，第一劑疫苗費用由政府負担，減少行政作業，有助迅速交由注射疫苗對施打，減少農民損失。
4. 請軍方協助，結合民間，全省分北、中、南、東、西區，成立機動性之豬場及肉品市場消毒隊，迅速支援豬農消毒，器材、藥劑等由政府購置、每區如需要，可成立分隊。讀者也許會認為，器材、藥劑由政府提供，農民不負擔，似不合理，但此口蹄疫浩劫，政府防疫包括打疫苗針及消毒，未全面快速執行，造成在養豬場相繼感染的損失，以及政府處理病死豬的救濟補償龐大費用相比，會顯得政府負擔此費用是有必要。
5. 指導豬農，對感染口蹄疫病之養豬場就地撲殺後，協助豬農就地架設簡易焚化爐焚燬屍體，簡易焚化爐由農政單位統一購置，免費提供，可回收循環使用。

第八節 監察院的調查

監察院於口蹄疫發生後，即着手調查，我被約談一次，當張德銘及葉耀鵬兩位委員要我陳述口蹄疫發生，我如何處理，我據實以報，對十九日上午八時二十分許，確定是口蹄疫，向主委報告後回到自己辦公室，立即通知國貿局及財政部總稅務司，停止核發豬肉輸日許可證及攔下所有輸日本的冷凍及冷藏豬肉貨櫃，當日下午召開緊急防疫措施檢討會議，快刀斬亂麻，於農委會未正式宣布疫情前，即完成緊急應變各項應採取的措施，立即推動執行。四月五日我住進台大醫院做切除甲狀腺手術，因擔心疫苗不足，違背醫生的規定溜出醫院，與農委會畜牧處同仁研商疫苗短缺問題，親自洽阿根廷協助，促成阿根廷以人道協助，以成本價格，緊急供應我五百萬劑疫苗，並促成阿根廷政府緊急派二名專家來台指導，我出示親自聯絡的來往函電時，張德銘監委感慨之餘的表示，「如果政務官均像你這樣做事，國家就會得救」這句話勉勵我。監察院最後對農委會主委、前後二位畜牧處長、農林廳長、家畜衛生試驗所所長提出彈劾，但我未被列入懲處名單中，勇為與當為，本是份內事，我自認，值得欣慰的，只是無愧負職守罷了。

附件A

行政院農業委員會
COUNCIL OF AGRICULTURE, EXECUTIVE YUAN
37 NANHAI ROAD, TAIPEI, TAIWAN 100-14, REPUBLIC OF CHINA
CABLE ADDRESS: 8515 TAIPEI
FAX: 886-2-331-0341
TEL: 886-2-381-2991

ANIMAL INDUSTRY DEPARTMENT
FAX TRANSMISSION

TO: Dr. Luis Barcos
ATTN: FAX NO.: 541-3421628
FROM: Ling Shiang Nung OUR FAX NO.: 886-2-3124645
DATE: April 8, 1997 PAGES (INCLUDING THIS PAGE): 2

(IF YOU ENCOUNTER ANY PROBLEM, PLEASE CALL +886-2-312 6020)

Dear Dr. Barcos:

Your letter addressed to Dr. Shieh, Director of Animal Industry Department was delivered to me today. I appreciated very much for your deep concern on the matter of FMD disaster happened in my country. Particularly your offer to supply us 5, 000,000 doses of FMD vaccine strain O_1 Campos was much interested. As I want to make decision as soon as possible, therefore I would request you to quote us with following details:

1. Price FOB or C &F Taipei by air cargo.
2. Quantity of supply the whole in one shipment or shall divide into several shipments.
3. Time of delivery: when will be ready?
4. We would arrange payment through L/C. But as it is very urgent, do you accept us to present letter of guarantee to Dr. Raul

行政院農業委員會
COUNCIL OF AGRICULTURE, EXECUTIVE YUAN
37 NANHAI ROAD, TAIPEI, TAIWAN 100-14, REPUBLIC OF CHINA
CABLE ADDRESS: 8515 TAIPEI
FAX: 886-2-331-0341
TEL: 886-2-381-2991

Desmaras Luzuriaga, Director of ATCO in order that you can ship the vaccine immediately? Anyway, once we agreed the order, L/C will be reached to your authority within three days.
5. Complete safety test data will be necessary.
6. If you have efficacy test at hand, it will be better, if not, it is required to present us within three months.
7. If you could send experts to Taipei will be the most welcome.

Sincerely yours

Ling Shiang Nung
Vice Chairman

PS: 1. Please respond to following address:
Fax: + 886-2-3124645
Tel: + 886-2-3126020
2. For urgent communication, please give us your home telephone number.

cc: Dr. Raul Desmaras Luzuriaga

附件B

Ministerio de Economía
y Obras y Servicios Públicos
Secretaría de Agricultura, Ganadería, Pesca y Alimentación
Servicio Nacional de Sanidad y Calidad Agroalimentaria

FAX MESSAGE

TO: Ling Shiang Nung

FROM: Dr. Luis O. Barcos
President
SENASA - Argentina

DATE: April 8th.1997.

FAX: 886-2-3124645

Number of pages including this one: (1)

I'm writing to you in relation to the fax you sent this morning in which you requested information about the FMD vaccine. We would like to inform you that:

1. Our private veterinary industry is able to send 4.000.000 ds. Which include O1 virus, immediately.
2. The price es US$ 0,38 per ds.
3. They would accept the way of payment proposed by you, after verification.
4. These vaccines have been controlled regarding their safety and efficiency and the results are satisfactory.
5. Within the next 10 to 15 days, there will be aproximately 5.000.000 more ds

p/a

DR. LUIS O. BARCOS
PRESIDENTE
SERVICIO NACIONAL DE SANIDAD
Y CALIDAD AGROALIMENTARIA

附件D

Ministerio de Economía
y Obras y Servicios Públicos
Secretaría de Agricultura, Ganadería, Pesca y Alimentación
Servicio Nacional de Sanidad y Calidad Agroalimentaria

To: Dr. Ling Shiang Nung
Fax N° 886-2-312-4645

From. Dr. Luis O. BARCOS
Fax N° 54-1-342-1628

Date: April 9, 1997

With reference to your Fax dated April 9, 1997, we inform you the following

1. The quotation for 5.000.000 doses of FMD vaccine with oil adyuvant, is US$ 0,26 per doses CIF.
2. This vaccine is monovalent with O1 Campos, with a minimum length of immunity of 6 months in primo vaccinated and 12 months in revaccinated animals.
3. It has SENASA's habilitation and it is elaborated under our quality regulations.
4. Expiring date: 18 months.
5. Vaccines would be accompanied by an inocuity certificate and we enclose the tests of efficiency.
6. Within 10 days after we receive your Letter of Credit, shipment could be made.
7. Shipment would be made by air cargo, at 4° and 8° degrees.
8. The vaccine is put into propilene bottle of 120 ml.
9. The pig doses is 1 ml. per I.M. route.
10. If you do accept this proposal, please contact us immediately, in order to be able to give you details on the Letter of Credit.

Sincerely yours,

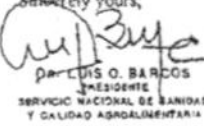

Dr. LUIS O. BARCOS
PRESIDENTE
SERVICIO NACIONAL DE SANIDAD
Y CALIDAD AGROALIMENTARIA

附件C

行政院農業委員會
COUNCIL OF AGRICULTURE, EXECUTIVE YUAN

37 NANHAI ROAD, TAIPEI, TAIWAN 100-14, REPUBLIC OF CHINA

CABLE ADDRESS: 8515 TAIPEI
FAX: 886-2-331-0341
TEL: 886-2-381-2991

Dr. Raul Desmaras Luzuriaga
Director
Argentina Trade and Cultural Office
Taipei

April 9, 1997

Dear Director Desmaras:

This is to inform you that we have decided to import urgently five million doses of monovalent inactivated type O_1 Campos, FMD vaccine. The transaction of this purchase will be made by the Taiwan Animal Health Research Institute. The specifications of above mentioned vaccines are attached to this letter as annex copy.

It is requested that you would coordinate with SENASA and provide us the further information including:

1. The price of CIF Taipei by air cargo,
2. Whether or not SENASA could be the consignor of the vaccines or be the coordinator to integrate the delivery of the vaccines, and
3. Certificate of origin is necessary.

Since the Taiwan Animal Health Research Institute is authorized to purchase, they will contact with SENASA directly and surely will also seek your kind assistance. The terms and conditions will be manifested by the said Institute.

It is proposed that this letter shall constitute a guarantee of the purchase and that you would kindly transmit our decision to SENASA.

Sincerely Yours,

Ling Shiang-nung
Vice Chairman

P.S. There is an Argentine company, Aftogen Oleo Biogenesis Sintyal, getting a bid of 2.5 million doses of O1 vaccine to be exported to our country. We hope that this new order of five million doses is not complicated with the aforementioned bid.

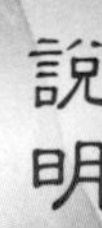

說明

行政院謝深山秘書長於九月二十五日，召集各部會副首長布達命令，要求每一部會認養一鄉鎮救災，須於二十七日進駐。

我在布達會中，係第二位率先舉手，表明要認養集集，我於二十六日即進入集集，協助林明溱鎮長，大刀闊斧，完成下列事項：

在鎮公所前設聯絡中心外，並在各里設聯絡處，派員進駐。

第一日（二十六日），解決棄土場問題；要求自來水公司舖明管。

二十八日，集集鎮市區自來水恢復供水。

二十九日，危屋完成鑑定。

一個月後，於十月二十二日，在集集召開「九二一災後重建集集鎮鎮民代表暨里民座談會」，蕭萬長院長親自主持，創台灣地方自治史上，行政院長主持鎮民代表會紀錄。

滿第三個月，在集集辦理盛大軍民聯歡會。

這些成果，行政院蕭院長認為可作為災區各鄉鎮救災重建的典範。

第十七章

九二一大地震，不一樣的救災

第一節 震央集集，救災火急

九二一芮氏規模七．三的大地震，中部縣市遭受嚴重受損，而震央在集集，已小有名氣之集集，一夕之間受創慘重，人口一萬餘人的集集鎮，造成三十八人死亡、千餘人受傷，房屋全倒一千三百六十六戶、半倒三百四十四戶，街上只見一片斷垣殘壁，加上停水斷電，景象淒涼，遭遇百年來最大地震，災情慘重。行政院馬上成立「九二一地震中央處理中心」，宣布九項緊急處理指示，並決定十五項救災重要措施。南投縣也於凌晨在縣立體育場成立「南投縣九二一大地震救災指揮中心」。總統李登輝召開第一次高層會議，確認行政院十五項救災重要措施。內政部隨即於南投縣九二一地震救災指揮中心設置「中央防災中心前進指揮所」。

次日，全國各宗教、慈善團體、企業踴躍參與救災，而美、俄、墨、日、韓、新加坡等國，紛紛派遣救援小組來台救災，國軍也出動部隊投入災區搶救。

第三日，總統召開第二次高層會議，決定成立「九二一地震救災督導中心」，由副總統連戰負責，中心設在中興新村，全面動員救災。

第五日（二十五日），行政院召開臨時院會，通過由總統發布緊急命令，並決定動員各部會投入救災工作。中央與地方因應快速，與後來的八八風災形成強烈的對比。

第二節 那裡最慘，我就往那裡去

二十五日上午，行政院召開臨時院會中，決定動員各部會投入救災，行政院秘書長謝深山於當日下午召集各部會政務副首長開會，宣布每一部會認養中部災區一鄉鎮，並開放給與會副首長認養。我是第二位舉手者，我表明認養集集，謝秘書長為之一震，提醒我：「亨能兄，集集是震央，災情最慘」，我沒有等他再說下去，我就打斷他的話，表白：「秘書長，那裏最慘，我就往那裡去！」，就這樣，集集鎮由農委會認養（後來土計處加入），由我進駐災區前線。

二十五日是星期六，謝秘書長指示每位副首長回去準備，要求各部會於二十七日（星期一）進駐災區。我回到農委會，立即向彭主委報告上情，並召集湯科長曉虞、李榮雲、連忠勇等同仁三人準備，決定提前一日，於二十六日（星期日）上午八時，即驅車直奔集集。我心中想，救災如救火，應該十二萬火急，又何必休息一天再赴災區？我是唯一提前一日進駐災區的部會副首長。

驅車入集集，沿路但見全倒及半倒的房屋，慘況令人心驚，進入市區鎮公所，見公所人員忙碌，我即直接找鎮長林明溱。我是第一次與他見面，說明來意後，我提醒他，依法律規定，地方首長是救災的指揮官，你不能推辭；中央派我來協助救災，我也可以當你的幕僚，希望大家共同努力。凡事可以商量，救災的工作希望能讓我曉得，那怕是事後報告。

既然要共同作戰，我先把話講清楚，並要求鎮長於當日下午四時，通知各里里長來鎮公所開會，當面布達我的來意及協助救災的任務。

第三節　在公所前設聯絡中心，並在各里設聯絡處

為設立「行政院聯絡中心」，鎮長表示可在公所騰出空間讓我設立，但我婉謝，決定在公所前馬路邊搭帳棚，與災民共苦。二十六日請特有生物研究保育中心，連夜製作二公尺長，五十公分寬，長條紅布，四十公分見方字體「行政院聯絡中心」的布條，於二十七日上午八時，即懸掛在鎮公所前路邊帳蓬，洽妥了電信局設置二支專線電話，行政院聯絡中心就在街頭設立。午後主計長又率五位同事進駐，組成團隊協助救災，並接受災民五花八門的詢問。當行政院其他部會人馬才要啟程進駐災區的同時，林鎮長與我已同坐聯絡中心帳蓬下共同作戰，而我除了由農委會陪我下去的三位同仁外，又徵調特有種生物研究中心人手協助。由於災區百廢待舉，災民困於收拾善後，不可能長途來公所前尋求協助，因此，我又當機立斷，請農委會中部辦公室抽調十一位同仁，在集集鎮十一個里設立聯絡處。行政院所屬各部會會在認養鄉鎮各里設聯絡處，只有農委會，且我們進駐人員是在各里長辦公室，與里長共同面對災民，並隨時與公所前的中心通報、反應。因此使集集的救災可顧及全面，可安撫災民的情緒，並給他們帶來希望。八十八

年十月二日勁報魏佳卉以大幅「中央下鄉，手忙腳亂」標題報導，並以「設置櫃台協助辦理各項業務，民眾『等嘸人』，支援作業和地方無法協調，欠缺規劃，沒有效率」作副題。在這篇報導中，採用我與林鎮長並坐街頭聯絡中心帳蓬下的照片陪襯，註釋「農委會副主委林享能『認養』集集鎮，他和鎮長林明溱合作協同良好，讓集集的災後復建動起來」作介紹，不一樣的救災，很容易讓人看到。

第四節 集集救災，引起媒體注意

十一月四日，台灣新聞報又以「集集在救災及重建上表現可圈可點，林享能積極救災，貼心服務，調派人手，拆除危樓，功不可沒」為題報導。謹將該篇報導轉載如下，容或有激勵人之處。「集集鎮在這次地震救災及重建工作上的表現，算是各鄉鎮的模範，除國軍、公所及鎮民全力投入外，認養集集鎮的農委會副主委林享能也功不可沒，除以救災如救火的心情積極加入救災外，並以身為鎮長的幕僚工作自居，不搶功、及時調派人力支援鄉鎮，完成慰助金發放及危樓拆除，讓集集的重建工作提早開始」。

「為協助地方救災工作，中央各部會在九月二十七日進駐各該認養鄉鎮，而農委會的副主委林享能則在二十六日就前往集集協助救災，林副主委說，救災如救火，能儘早到災區了解災情，較能有效發揮救災功能，為協助救災，林副主委也與一般災民一樣，在鎮公所前搭建帳篷休息，一住就住了一個星期。

林副主委表示，雖然中央部會進駐鄉鎮，但他是以鎮長幕僚的心態，純粹以協助的立場幫忙地方。由於集集鎮的房屋全倒及半倒數量相當多，為加速發放慰助金，農委會抽調中部辦公室十一位同事，到集集的十一個里辦公室幫忙里長發放，並在各里成立行政院聯絡處，只要災民有任何困難或問題，都可前往尋求協助，這也是中央部會最早成立聯絡處提供服務的鄉鎮。」

「對於集集鎮能在災後一個月的時間進入推動新造鎮計畫，林副主委說，由於集集鎮長林明溱本身就是建築師，所以對村里有疑慮的危樓，經鎮長認定全倒或半倒後，就僱用重型機械拆除，不能空等中央的安排。為爭取時效，林副主委建議鎮長先行雇用民間重機械拆除有公共危險之虞的房屋，以免災民終日活在危樓倒塌的恐懼之中，所需的經費農委會願意先行協助處理。

災後各界所捐贈的民生物資紛紛湧進災區，而在集集街頭埋鍋造飯賑災的是慈濟及一貫道提供的素食，災民及協助救災的國軍弟兄們，已有多日未嘗肉味，林副主委為讓災民及阿兵哥都能有新鮮的肉可吃，相當貼心地與鳳山肉品市場及豬聯社聯繫，獲得他們慷慨協助，捐贈一千多公斤的豬肉讓災民及國軍食用，看到多日來未曾吃到的香噴噴豬肉，災民都感謝中央為其做的一切。」

第五節 大刀闊斧，快刀斬亂麻

大地震後，滿目瘡痍，倒塌房屋，傾斜半倒的到處可見，而大地震後，會有餘震，不趕快清理，安全堪虞，同時災區景象淒涼，也必需儘快恢復舊貌。然而身在地方災區，以鎮長地位，動輒牽涉經費，又談何容易？而我自己，因平日常注意其他領域事務，深知中央已於二十五日發布緊急命令，效期至八十九年三月二十四日止。搶救及清理災區的工作，在緊急命令的措施下，只要合理合法，應即大刀闊斧進行，何況救災工作如救火，宜速，災損認定宜寬，手續宜簡，這也是我既有的普通常識。

我於二十六日進駐集集，已是災後第六日，災區慘況隨處可見，救災工作，不容遲疑，當時災區一籌莫展的情形包括：

災民對受損的房子沒有信心，仍露宿在外；

災損房屋處理一無工具機械，二尚不知政府會否補助，仍一籌莫展；

電力雖已恢復，但全面斷水，百姓無法自炊；

十月一日學校開學在即，校園清理，自來水的恢復，必須尅日解決；

清理傾毀房屋，垃圾廢棄物，無棄土場；

死亡及重傷者慰問金，行政院仍未決定，要如何撫慰？

房屋全倒半倒如何認定？鎮長未敢作主，而我來自中央，責無旁貸，自應作鎮長的後盾，立即協助鎮長，作有系統的救災，包括：

一、召開里長會議宣達決定事項

二十六日下午，我要求鎮長召開里長聯席會議，鎮民代表會主席李崇慶也參加，由於災後，中央及地方仍在忙亂中，身在前線不能沒有主張，因此在會議中就決定了下列事項：

提出救災計畫，向里長宣達：

（一）一個月內全倒及半倒危險的房屋清理乾淨，裸露鋼筋必須依地平面平整切除；

（二）救災與重建同步進行，請鎮長費神整理重建計畫，於第二個月起展開重建；

（三）第三個月底，我會辦理軍民聯歡晚會，撫慰災民，並鼓勵災區民心的振作；在會議中，對救災遭遇的困難，經稍事討論後，我即定下原則，立即推動執行，包括：

1．缺乏重機械及工具問題

要求鎮長，在中部地區查詢租怪手、推土機、大鋼牙、卡車等日租價格，跟台北地區價格比對，如價格合理，立即僱用，費用我負責（費用我負責，並非由農委會負擔，而是自己認定，重大災難救災，中央自然有經費，這是我的基本認知，何担心之有）。因此在其他災區仍一籌莫展狀況下，集集於二十八日即有重機械進入展開清理。

2．全倒半倒如何認定？

我提醒林鎮長，他有建築專業背景，也曾在台灣省建設廳任職多年，要求他以自己本身的專業認定，我背書負責。

另由於集集為地震震央，土木技師公會於二十九日來災區勘災，巴士直接開到集集鎮公所，鎮長在公所作簡報完畢，我即請求技師們分組，分赴各里，由里長陪同勘查受損房屋，是否是危樓或安全可修復作鑑定，以安住戶之心並免日後爭議，十月初又有結構技師團來集集勘災，也請他們分組赴各里勘查，上述二團進入集集是第一站，因此集集十一里危屋之勘檢，在十月初即清查完畢，而其它災區尚未開始。

3、危屋的拆除

凡經勘驗為危樓者，請先拍照存證，與屋主簽切結書，請屋主先收拾財物，然後在屋主見證下拆除，此措施並非來自中央的規定，我與鎮長循平常處理方式，商妥即執行。至於危屋經勘驗仍可修復，但屋主已無信心，又該如何？我與鎮長交換意見後，認定只要屋主簽結危屋同意書後，就一併拆除。由於上述方案，既科學又公平合理，而鎮長與我又勇於承擔，集集所謂危樓或危屋，已無模糊空間，不會產生爭議，對撫平災民的疑慮及災區的清理助益甚多。其實我們要進行拆除當時，中央對房屋全倒及半倒之補助金額尚未定論，災民也徬徨，但在我保證下，災民相信我，讓我們拆除。連日來的努力，災民看在眼裡，已取得他們的信任。

二、解決重大困難事項

（一）解決棄土場問題

二十七日集集行政院聯絡中心在街頭成立，第一件事，就是處理棄土場問題。集集集鎮公所於四年前提出申請，在濁水溪畔爭取二十餘公頃之水利地做棄土場，但始終未獲回應。二十六日之里長會中，鎮長提出此懸案，我立即請公所提出資料及公文，次日上午，行政院聯絡中心掛完布條後第一件事，我打電話給行政院劉副院長兆玄，他要我洽公共工程委員會李建中副主委處理，經與李副主委商量，他要我轉洽中央主管機關經濟部水利處黃金山處長解決。由於農委會主管的業務，如集水區的治理、水土保持與農田水利等，與水利處密切關連，我與黃金山處長也熟稔，故電話中與他商量後，獲同意解決，於次日上午派員來集集，劃定濁水溪畔棄土場之行水線，當日上午劃定後，棄土場撥給公所就成定局，由鎮公所依規定程序申報。公所伙伴們看我做事那麼有效率，四年爭取無着，而我僅用電話就促成，無形中對我刮目相看，我也樂得帶領大家救災。而林鎮長及裡代表會主席，四年來從未想到一夕之間，二十餘公頃的公產救落入集集鎮公所，他們也非常高興。

（二）解決自來水供水問題

第二件事，也是於二十六日上午，我以電話向台灣自來水公司董事長林學正，懇求協助要求：

1. 盡快在集集十一里設大型儲水桶，由水罐車供水，備災民取用。由於董事長曾任農林廳副廳長，獲得他鼎力相助，二十七日下午，集集街頭就已供水。

2. 由於大地震，我猜想埋在地下輸水管可能被震裂，要修復埋在地下的暗管，一時乃不可能做到，於是我請林董事長設法在集集用明管。他說備用之水管不夠，恐無法應命，我請他盡快採購，如經費不足我負責。他立即辦理，日夜施工，二十八日，集集市區自來水就已恢復。有部分災區甚至到十月十七日仍斷水，蕭院長在院會中特別提醒，林享能都懂得用明管，為什麼不動這腦筋？

（三）請台南改良場在台南市蒐購帳篷

由於擔心餘震，許多房屋已受損之災民，未敢入住，屋外過夜又缺帳篷。我察覺此問題，因中部災區的商家已賣完帳篷，於是我立即請農委會台南改良場在台南蒐購大型帳篷，運來集集交給公所運用。

（四）處理救災物資

由於集集是震央，慈善團體的救濟物資，蜂湧送來集集。二十七日，聯絡中心正對面小廣場，各種物資已堆積如山，深怕雨淋造成損害，於是協助鎮長，一方面請求各慈善團體，暫緩將物資送來集集，一方面請鎮長，將廣場的救濟品存放於隔鄰樓屋地下室。

（五）二度募捐豬肉慰勞國軍及災民

二十六日進駐災區，我借住農委會特有生物研究中心主任的宿舍，因斷水多日未洗澡，也無法自炊，因此跟災民一樣，享用一貫道在公所前埋鍋炊膳的伙食。由於是素食，目睹投入救災，屬於兵整中心（在集集）的國軍弟兄，雖仍打起精神救災，但因日夜辛勞，已顯疲憊，且天天素食，實有必要進食肉品。於是我善意告知兵整中心喬元雷主任（少將），獲得他同意後，我就洽養豬聯合社，獲豬聯社協調鳳山肉品市場，獲她們慨允，二次捐獻豬肉七〇〇餘公斤及一〇〇〇餘公斤送來集集，而兵整中心共認養集集、民間及信義三鄉鎮，故三鄉鎮之災民及國軍，經由慈善團體埋鍋炊膳站，可分享有豬肉之午晚餐，但在災區其他鄉鎮則無人協助。賑災模式，盡在是否用心罷了。

第六節　集集有位好鎮長和團隊

集集的救災，清理和重建所以能快速進行，是因為集集有位好鎮長林明溱和團隊，包括鎮民代表會主席李崇慶。林明溱鎮長可以說是最大的功臣，如果不是他精明能幹又有擔當，來自中央的我，雖有能耐，如沒有好的伙伴，恐怕也不易推動。我是言行如一，願意當他的幕僚，但我也要求他，救災的事，凡事要讓我曉得，他也信守不逾，故二人合作無間，進駐災區的媒體記者也曉得此默契。如八十八年十月八日的勁報就報導：「鎮長和林享能為集集注入強心針，災後能快速重建，除了老天庇佑，更賴鎮長四處奔走，行政院配合，民間團體資助。震驚全台的集集大地震，目前已進入第二階段災後重建。依照軍方評估，集集鎮的災後重建速度，領先所有災區，在「從哪裡跌倒就從哪裡站起來」的思考下，未來也極有可能成為災後重建的「示範鎮」。集集究竟有什麼條件，可以這麼快速重新站起來？

綜合來看，集集鎮能夠迅速進行災後重建，應該和老天、鎮長、民間社團以及政府配合度四項因素，有很大的關係。」

林鎮長已是第二任，這位媒體曾報導，會親自用雙手清掃集集火車站公廁的鎮長，於地震發生時，他的家全毀，但全家逃過大劫，穿着內褲找不到外褲和鞋子，在門口撿到擺放的雨鞋穿上，就騎上摩托車救人，其他的集集人也互相扶持，救人為先，在集集的國軍兵整中心的官兵也在漆黑中，立即投入廢墟中救災，要不是迅速挖掘，集集死亡的人數還會更多。天降大難，一開始集集的救災就展現得有條有理，歸功於鎮長的無私無我，救災為重，親自指揮，故井然有序。由於搶救迅速，死亡之屍體得到快速的處理，在中部的火葬場，等待火化的屍體已塞車情形下，他就安排送嘉義火葬場，只要往生者入棺後，就由國軍派車運往嘉義火化，當其他各鄉鎮急著找各地火葬場，發現滿檔難以處理屍體時，集集的罹難者早已火化，並已安置在公所臨時設立的公設靈堂了。所以會這麼快，是因為集集人發揮了同舟共濟的精神，而且有位精明能幹的鎮長，以及與鎮長合作無間的鎮民代表會主席李崇慶。

進入災區重建階段以後，林鎮長每天早上五時多就起床察看從山裡接引到鎮內的水源頭，然後親自到鎮內各地了解災後重建進度，決定孰先孰後，調整執行的步驟。一整天忙碌後，晚上八時，還要召集鎮民代表、里長、會同軍方和農委會進駐人員，開工作檢討會報，所以經常可看到林鎮長在深夜拿著便當，拖著疲憊的身軀回家，根本忘了自己也是受災戶。

說實在的，以我的觀察，像林鎮長精明能幹，腳踏實地，勇於任事，又有執行效率的地方基層行政首長並不多，而他是民選鎮長。

第七節　蕭院長親自主持集集災後重建座談會

九月二十六日，我在鎮長召集的里長會議中，提出救災的目標，震災後一個月內，完成清理工作，於第二個月進入第二階段的重建。第三個月月底，我要籌辦軍民聯歡會，形同政策指示。面對災區、災民，我不敢出戲言，因此緊密的與林鎮長合作，抬頭挺胸，於十月二十一日，即震災後第二個月的開始，在我規劃和安排下，在集集的農委會特有生物研究中心會議廳，如原先承諾，如期舉辦「九二一災後重建集集鎮鎮民代表暨里民座談會」，請蕭萬長院長親自蒞臨主持。在中部災區，當其他鄉鎮猶在救災情形下，集集已暫擱置傷痛，懷著希望，邁進第二步—重建。在地方自治史上，行政院院長親自蒞臨鄉鎮主持完整的座談會，這也是第一次。蕭院長在致詞中，勉勵期許集集鎮在未來的重建中，能做為各災區鄉鎮的典範。蕭院長致詞全文如下：

「在一個月後的今天再回到集集，看到倒塌房屋大部分都已經清理，救災安置工作都一一就緒，個人對於各級政府相關單位，以及社會慈善團體、熱心人士的全力投入的成果給予高度的肯定，以及感激之意，我願代表中央向所有災後投入搶救的人士、團體

表達十二萬分的感謝。

接下來的是重建的工作；在地震以前，集集鎮公所就已依照政院所定的再造城鄉新風貌政策，提出一份新的造鎮藍圖，而在災後，更可以據以落實推動，行政院一定會好好加以了解整體計畫，並給予集集鎮必要的協助。期許集集鎮在未來的重建中，能做為各災區鄉鎮的典範。而在重建工作發動以前，具有持續性、完整性及前瞻性的重要計畫，必須透過專業及集思廣益的討論規劃，因此今天邀請基層村里長、幹事以及鎮民代表共同座談的會議是非常必要。

行政院會今（二十一）日剛剛通過「緊急命令執行要點」，因為總統頒布緊急命令的有效期間只有六個月，如何在未來的五個月中有效的發揮統籌災後重建的工作效率，相信執行要點能夠協助縣市鄉鎮，在重建過程中遭遇法令或行政命令的困難時，能順利排除，提高重建效率。」

參加座談會的，除十一里里長和總幹事、鎮民代表、公所人員外，還有中小學校長、造鎮委員、集集民間團體、鎮婦女會代表等，中央還有行政院秘書長魏啟林，經建會副主委蕭峰雄等。

在我進駐災區第一日，在我要求召開的里長會議中，我許下救災第三個目標，決定在第三個月末，舉辦大型的軍民同歡會，期盼大家走出悲痛，迎接新生。

坦白的說，這不是救災的項目，也不是中央要我做的事，但我有寬廣的思維和追求更美好的將來的信念。清理災區，協助重建，撫慰災民，這些都是整體的一部分。為了讓集集災民能早日走出悲痛，迎接重生的未來，我決定舉辦軍民聯歡會。兵整中心國軍官兵，在喬元雷少將指揮下，投入救災，辛勞備至，大家日以繼夜，有目共睹。兵整中心共有官兵約千人，集集鎮公所、十一個里里長及幹事、鎮民代表、婦女代表、人民團體等合共約五〇〇人，於是我決定籌備一五〇〇人的大型餐會及聯歡會，分配給兵整中心一百桌，集集鎮公所五十桌，地點在兵整中心空地舉行，晚會則在禮堂演出，這計畫也獲得兵整中心喬元雷主任同意。

聯歡晚會計畫已定，必須兌現，然則，舉辦此項活動之費用，農委會並無任何課目可支應，從開始，我也未考慮農委會的資源。我必須去張羅一五〇桌酒席及聯歡會的康樂表演。經洽養殖協會理事長楊景安，他欣然同意以個人名義承諾負擔，並以為善不欲人知的美德，參與賑災活動。至晚會表演節目方面，洽好友許舒博立委協助，他也慨然答應會請八大電視支援，困難的酒席及晚會節目有著落，充分顯示國人善心的可貴。

十二月二十日，震災屆滿三個月前夕，集集鎮軍民聯歡餐會及晚會，終於在兵整中心舉行。在院子裡席開一五〇桌，大地震後三個月來，災區籠罩在愁雲慘霧中，失掉親人的悲痛，家園全毀或重創的淒慘，心靈的創傷，也需要關懷和激勵。當晚的晚會，由於是群體團聚，會場散發喜樂的氣氛，而軍民聯歡在禮堂舉行，場面及氣氛融洽，而晚會有八大電視台三十六知名藝員及樂隊到場獻藝，場面也頗熱烈，目睹軍民同樂的場景，沐浴在走出悲痛，展現愉悅的氣氛中，我自己也沉思，救災、重建、撫慰災民的工作，三個月內能初步實現，值得安慰。唯個人深知，重建談何容易，愉悅也是一時，但我來自中央，我也不可能長駐集集，我只是，專心來救災，我盡心，把個人最大潛能、智慧和能力，奉獻給災民，如果說有些成果，那也是集集鎮群體及國軍救災的功勞，而聯歡會所以能舉辦，要特別感謝好友楊景安理事長（已辭世，他出殯的喪禮在台北三軍總醫院舉行時，我前往參加，上香默念我內心的感謝）和許舒博立委，由於他們的善心和付出，始能舉辦軍民聯歡會。一場大災難，讓我們看到同胞們人性的光輝，也讓我體會到走出困境，大家同心協力的可貴。感謝林鎮長、李代表會主席、十一里的里長、婦女會、農會等各團體和救災伙伴，真的很難得大家同心協力，完成不一樣的救災。對於國人善心的付出，我的體會尤其深刻。

說明

為了讓台灣後代子孫能瞭解及體會台灣大地震的恐怖和災難，藉九二一大地震災情史實，設立地震紀念館，實有意義。經我洽請旅港台灣社團，獲得三個社團負責人的支持，在旅港同胞捐款中撥出二億元，興建「地震教育館兼全國性之九二一地震紀念館」。旅港台灣社團大力支持，各負責人也多次返台灣參與籌建，但最後卻是如同踢到鐵板，無功而返，非常可惜。

第十八章

同樣熱誠救災，卻踢到鐵板

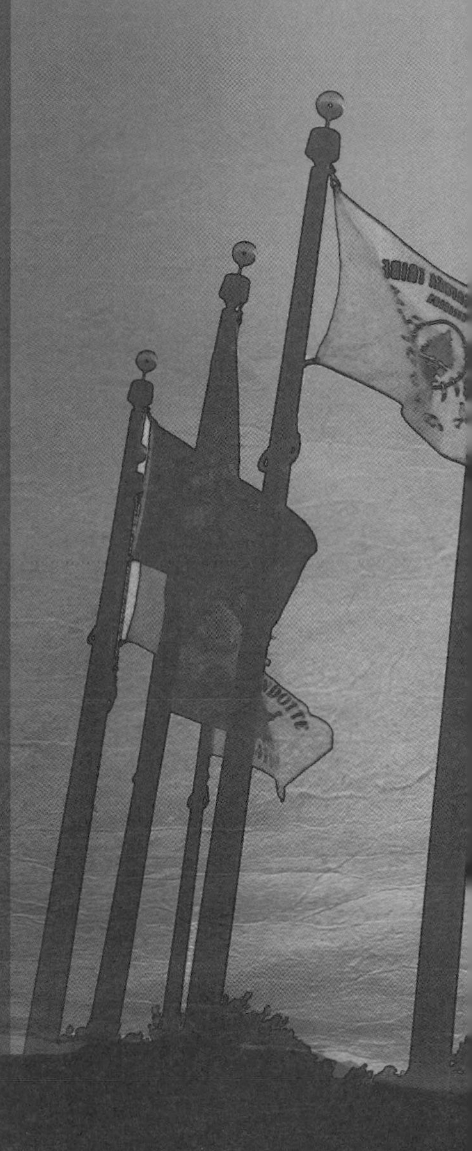

第一節 促成旅港臺灣社團捐款興建九二一地震紀念公園

台灣地震頻仍，如民國五十三年一月十八日發生的嘉南（白河）大地震，規模六．三級，死亡一〇六人，重傷二四四人，房屋全倒四九七一間，半倒一六二一八間，災情極其慘重。但在我於民國七十八年底出任農委會副主委任內，考察白河多次，看不到大地震的遺跡。此次九二一大地震，規模七．三級，可謂百年大地震，死亡人數二四五五人，光是震央集集，就造成三十八人死亡，千餘人受傷，房屋全倒一三六六戶，半倒三四四戶，沿街所見，一片斷垣殘壁，景象淒慘。而震央附近一夕之間的山河變色，九九峰的禿頂，九份二山約一百八十公頃山坡地，猶如五臟六腑被震碎，巨大石頭從深埋土層被震翻出土，讓人觸目驚心。地震後，旅香港台灣同鄉會榮譽會長盧文韻女士，於十月初來災區，我陪她赴九份二山，當她看到地層翻轉，巨石裸露，觸目驚心下，臉色蒼白，而我，雖然是第二次來此災區，內心仍感恐怖，一時湧出心念，要將此種慘況留下來，給台灣人民做一警惕。白河未留下痕跡，大地震的慘狀，此次是我生平首見，於是我向她建議，可否在港澳同胞捐款中，撥出二億元台幣，興建可供後人警惕的九二一地震紀念館？她立刻答應努力。回香港後，獲得香港台灣工商協會會長潘漢唐，國際華商協進會會長丁楷恩，港澳台灣同鄉會會長賴建成的支持，聯名致函行政院蕭萬長院長，獲同意移撥二億元，專款專用，興建「地震教育館兼作全國性之九二一地震紀念館」，心願可成真，當時個人覺得欣慰。

第二節　旅港臺灣社團認真推動

旅港台灣社團包括上述三團體負責人及台灣同鄉會榮譽會長盧文韻等，在港成立「旅港台灣社團促進九二一震災重建委員會」，推動賑災事宜，並成立「港澳同胞捐贈南投縣九二一地震紀念公園籌建委員會」，由縣長李朝卿擔任主任委員，委員包括吳敦義、林享能、潘漢唐、丁楷恩、盧文韻、（賴建成會長因健康欠安未參加）、廖正豪、鄭安國、許淑華、陳志清等，後來江丙坤也加入。對捐出二億元籌建「地震教育館兼全國性之九二一地震紀念館」，地點原屬意震央的集集，但林明溱鎮長籌撥之土地，為傾塌之武昌宮及其周圍面積約三公頃，因土地面積不足，故又將興建地址移南投市。經南投市政府承諾協助，於九十七年一月函國有財產局，請求撥出位於該市貓羅溪畔十三・八八公頃國有地，經溝通協調及吳敦義立法委員的協助，終獲得國有財產局同意撥用，而南投市長李朝卿當選南投縣長後，籌建工作移南投縣政府，籌建基金亦由南投縣，於九十七年一月，函「財團法人九二一震災重建基金會」，申請將該二億元捐贈款移撥南投縣政府，設立「旅港同胞捐贈南投縣九二一地震紀念公園籌建委員會專戶」。籌建工作於延宕多年後，於九十七年二月十六日，召開籌建委員會第五次會議，始具體展開。從九十七年二月徵圖，五月評圖，經評圖第一名廖偉立建築師，第二名為王立甫建築師。嗣南投縣政府依規定，就地震紀念公園委託規劃設計及監造，於九十七年八月十八日，邀請廖偉立建築師辦理議價，經與建築師洽談後，廖建築師認為價格過低不符成本，無法符合建築師之期待，無意承攬。縣政府再於九十七年九月，通知第二名建築師王立甫辦理議價，案經王建築師來函表示「尊重委員會對第一名之選擇，近日業務繁忙人力不敷支應，自願放棄議價權。」惟籌建委員會為求慎重，請縣政府於同年十二月二十九日，再函王建築師議價，但王建築師於十二月三十日函覆，表示放棄議價。

第三節 籌建委員會決定，另尋建築師議價承辦

入選建築師議價不成，依法縣政府可另覓建築師議價承辦。丁楷恩及潘漢唐兩會長（委員），因本案拖延已久，已感愧對香港同胞，而九二一地震十周年將至，故於第八屆籌委會開完會後，與我討論，擬請澔林建築事務所林珍瑩建築師協助趕工。經將此構想提交九十八年二月十四日召開之第九次籌建委員會會議討論，依採購法第二十二條第一款之規定，如與第一名及第二名之廠商議價不成，得採限制性招標議價，故籌建委員會同意"委託林珍瑩建築師之團隊澔林建築師事務所辦理，並請規劃團隊能縮短期程"，本案終於在九十八年六月二十三日，由李朝卿縣長出面簽訂合約。朝全國第一綠紀念館及紀念公園設計。

第四節 美夢成泡影

由於林建築師於哥倫比亞大學建築研究所時，對綠建築學有專精，在貝聿銘建築師事務所服務多年，於獲得簽約後，即整合其團隊，依委託技術服務契約書規定，在辦理美國綠建築LEED認證前提下，區隔霧峰光復國中，已保留車籠埔斷層地層隆起，校舍倒塌，展示原址災害之教育紀念館，朝下列理想規劃設計，興建包括：

台灣歷大地震史實館、地球物理、地震、海洋、氣候、生態視聽教育館、體驗地震震幅館、可供參觀教育之太陽能發電站，創造可供香港同胞認同及後續參與之紀念公園，包括螢火蟲復育生態池，櫻花園，田園鄉村風光之商店街等。

目標已定，我與林建築師遂着手募捐建築材料，經洽請美濃同鄉經營太陽能發電之鄉親及其他好友，表明興建之目的及理想，尤其要營造台灣第一符合美國綠建築之地震紀念館及公園願景，很快獲得同意贊助捐贈，包括：

威奈聯合科技有限公司捐贈太陽能設備。

華興電子捐贈LED照明設備

照明公會捐贈照明設備

部分建築材料也在洽詢中，未來將有其它公司持續熱情參與捐贈，包括控制整合系統及自然導光系統。上述捐贈設備各大公司，除了公益性質熱情參與外，更希望一同參與美國綠建築LEED認證，獲得慨捐設備之總價值遠超過建築成本，讓我體會到台灣同胞賑災救難及協助建設的善心及熱誠。上述捐贈公司展現誠意，曾應邀列席第十次委員會報告，而林建築師也動員其團隊於規劃完成後進行細部設計，其細部設計圖說，於九十九年四月十九日，以電子郵件寄南投縣政府，並依約請款，未料南投縣政府未依約處理，拒未付款，經二度存證信函催付，也置之不理，協同捐助廠商也感不解，美麗的願景，就此成泡影。

第五節　成立基金會也胎死腹中

為因應贊助廠商之要求，其捐贈資材需捐給基金會，俾能取得扣抵稅依據，而推動出資認養植樹，乃至日後香港同胞陸續捐款，均需要成立基金會。經籌建委員之認同，由潘漢唐、丁楷恩、盧文韻、李朝卿、廖正豪、林享能、鄭安國、許淑華、林明溱等九人作發起人，決定向南投縣政府登記成立「財團法人港澳同胞愛心基金會」，以辦理文化教育交流，協助維護九二一地震紀念公園及地震紀念館之永續經營為目的，辦理下列各項目的事業：

一、關於協助災區清寒學童就學及獎助災區優秀學生獎學金事項。

二、關於辦理災區與港、澳教育及文化進行交流事項。

三、關於在災區舉辦文化、藝術、教育及其他慈善活動事項。

四、關於舉辦有關地震防災救護學術研討事項。
五、關於協助地方政府從事九二一地震紀念公園及紀念館之維護及永續經營事項。
六、接受主管機關協助辦理事項。

前項辦理各項業務之支出，不得低於全年基金孳生息及其它經常性收入總額之百分之六十。雖則成立此基金會有其必要性，意義崇高，並確能裨益日後永續經營，且基金會係擬自香港捐款二億元之孳息中，提撥一千萬元作基金會，應可順理成章，順利設立，何況南投縣長李朝卿也是發起人，但南投縣政府不敢作主，推三阻四，反過來要求發起人洽內政部，經林享能及丁楷恩二人親赴內政部拜訪內政部簡太郎次長說明，內政部也認可行，但南投縣政府仍持否定態度未接受。故籌設基金會籌備會議於召開二次後，只好知難而退，同樣是災區，我們也以同樣熱忱，但硬是踢到鐵板。

第六節　有負旅港同胞賑災愛心

籌建委員會同意澔林建築事務所議價，承辦設計監造，依法有據。唯南投縣政府於進行工程建築時，忽略應公開招標手續，縣政府有人與縣長作對，揚言要檢舉，致縣政府退縮，未料林建築師依約進行之服務，縣府也不付款，雖經籌建委員會決議應執行，但南投縣政府不理。籌建委員會歷經十九次會議，每次會議，旅居香港之潘漢唐、丁楷恩及盧文韻三委員必須搭機往還，又需在台過夜，費時二日，費用自理，而在台灣之其他委員也熱心參與，付出甚多，面對南投縣政府之消極，各委員均感失望，故南投縣政府於後續再覓建築師籌建，廖正豪、丁楷恩及潘漢唐三委員均知難而退，辭委員職務，而潘漢唐委員疑慮在無法控管下，有可能產生貪瀆弊端，約我赴監察院尋求協助，經請求馬監察委員給予「關切」，但馬委員要我們提出舉證，我們因無法舉證，只好作罷。

自一〇〇年一月一日起，籌建工作完全由南投縣政府自理，南投縣政府也另籌一億元投入，興建總經費增為三億元，其硬體建築之規模與興建金額不成比率，硬體落成時，鄭安國因係當初經手將香港賑災捐款帶交行政院之負責人，而我為倡議興建此紀念公園之始作俑者，故二人無奈之餘，仍聯袂前往參加，在請我致詞時，我坦率說明，當初旅香港台灣社團所以將賑災捐款撥出部份，興建此紀念公園的本意，但結果與當初意旨相違，甚感遺憾。南投縣政府的短視，錯失創造歷史的機會。林建築師承接本案時，已覓妥贊助合作者，將動員其團隊完成下列建設：

1．香港同胞捐贈之九二一地震震災紀念公園，可成為港台結緣交流的平台，彰顯愛與和平的精神地標。

2．深度記錄台灣大地震紀念館，尤其附設 3D 放映地球物理、海洋、全球大地震、氣候變遷、生態保育等科學片及紀錄片之放映館。

3．全國第一，經美國綠建築認證，館園合一，作為觀光勝地的景點。

4．可月收三十萬太陽能發電收入，可作為全國青年學子參觀學習的太陽能發電站。

5．螢火蟲復育生態池。

6．成立基金會，推動慈善植樹募款，企業認領，促進港台文化、教育交流，災區學童救助等有意義活動。

7．丁楷恩委員已洽請暨南大學合作，日後進駐園區作科學指導。

上述本可立足南投，成為具教育觀光魅力，又可吸引香港同胞來台觀光的景點，現已付之流水。現南投縣政府自行主導建造的綜合館，已展現在原址，與當初擬創造多目標，連結港台，又能永續經營的九二一地震紀念公園相比，猶如陽春館，且平凡建築。鮮少人曉得作何用途，因無特色，難免會淪為蚊子館，實在令人惋惜。

第七節　籌建委員會的其它救災工作

「旅港台灣社團促進九二一震災重建委員會」，除移撥二億元給南投縣政府興建九二一地震紀念公園外，尚利用其孳息作下列救災工作，包括：SARS 襲台購口罩十萬個送台北市政府及二萬個贈予高雄地區；和平鄉雙崎部落遷村計畫；和平鄉三叉坑部落遷村計畫；和平鄉烏石坑部落遷村計畫；中寮鄉清水村頂水崛社區遷村計畫等；上述計畫均執行順利，較之九二一地震紀念館二億元，這些小錢兌現了旅港同胞的善意，讓人多少有點欣慰。

說明

筆者前於農委會任職期間，曾與當時交通部次長陳世圯共同擔任行政院澎湖綜合開發計劃召集人共六年之久，深知澎湖的困境。

陳世圯在其職掌範圍內，從事澎湖機場航廈的興建，跑道的延長，朝日後可作為國際機場的標準建設，馬公商港擴建，其他離島港埠建設等。而我自己，在農漁生產方面，遭遇各種瓶頸難以擴展，故整合中央各部會資源，協助觀光產業的發展，期望觀光人數增加，創造當地農漁產品的需求，來發展農漁業，因此對澎湖整體建設與發展，確曾關心並推動。

第十九章

澎湖應該有更亮麗的遠景

第一節 工商蕭條，農業難發展

澎湖大小島嶼六十四個，總面積只有一二六．八六平方公里，以馬公島面積最大，其次為西嶼、白沙、望安與七美。夏天有藍天白雲，清澈的海水和美麗的沙灘，成為渡假勝地，機位一票難求。冬天則有東北季風，飛沙走石，遊客止步，故澎湖入冬後，又變成孤寂的離島。由於澎湖無論花嶼的古老地質土壤或非花嶼的玄武岩地質，土壤層淺薄貧瘠，且雨水較少，年蒸發率一六〇〇公厘而年雨量約一〇〇〇公厘，且集中在夏季，又由於全年強風日數長，高莖或多年生果樹難以生長，故生產力不高，不適合農耕，而澎湖雖四面環海，本有良好的天然漁場，但由於過度捕撈，以及大陸漁船的入侵，造成漁源枯竭，故澎湖的農漁業早已日薄西山。既使如此，根據筆者担任共同召集人當時，即一九九六年產業普查資料，漁業仍是澎湖縣最重要的產業，漁業提供十一％的產值及四十八％的就業機會；此外澎湖的環境不適合發展工商，長期以來，經濟體質不佳，依一九九六年普查之統計，澎湖縣以民間家計為單位的經常性收入達一九九．五億元，但農工商總產值卻僅有一〇八．四億元，而家計經濟帶動的效果非常有限，因為資金外流、消費外流以及進口遠大於出口，形成工商難以發展的瓶頸。人口和資金外流，既令澎湖人在外奮鬥有成的大企業，也鮮少在澎湖投資，他們並非不愛自己的家鄉，實在是因為澎湖沒有創造良好的商機。

第二節 為領取獎勵金，縣府竟將大片土地納編山坡地

馬公本島無山，號稱拱北山的坡地，最高點海拔只有五十六公尺。由於農委會為獎勵山坡地之保育，將納入管理的山坡地配合保育者給予獎勵，澎湖縣政府因財政拮据，為了領取獎勵金，竟將二千多公頃的斜坡地呈報中央，列為山坡地，當初呈報時，尚無開發的壓力，進入一九九〇年代後，澎湖開發建設，受制於山坡地保育利用條例窒礙難行的案例漸多，須予解套。

八十五年六月十九日，我召集林業處陳溪洲處長及水土保持局陳志清局長飛澎湖，拜訪代理縣長鄭烈，商討中央給予補助的造林計畫，向他解釋農地釋出之現定及告訴他縣府可主動向中央（農委會）呈請全面解除澎湖納編山坡地事宜。一般編定為山坡地之解除，須經由地方政府呈報中央，限制重重，而由中央主動，並由副主委率主管處長及局長下鄉，親自告訴縣長可以呈報，將准予全面解除，此種處理方式乃史無前例。而我們的用意無他，主要是澎湖本無山，何來山坡地？同時在喚醒地方政府首長，應把握時機從事建設。我們還告訴他作業程序仍須測量坡度，還告訴他可從山坡地外圍邊緣取點，向馬公最高點拱北山測量，俾提供山坡地的數據，供審查的依據。

第三節　澎湖的綠美化

離開馬公機場觸目所見，林投公園的翠綠，公路兩旁南洋杉的迎風亭立，所以有今天，那是農委會林業處陳溪洲處長及同仁，以及林務局澎湖造林工作隊努力的成果。而我以督導的立場，欣見有此成果，心中至感欣慰。早在一九七〇年代，農復會為了解決澎湖居民燃料柴火問題，提供銀合歡種子撒在馬公貧瘠土地。銀合歡枝軟可抗風，也可存活於偏鹼的土地，現已成為全面綠化先馳樹種。民國七十八年秋，罕見的乾旱颱風吹襲澎湖，在雨少情形下，強風吹起的海水像霧般侵襲內陸，使原有的樹木於颱風過後，因不耐鹽分而枯死，當時前往勘災的陳溪州科長，發現在墳墓堆中的南洋杉依然存活，他好像發現新大陸，決定選擇南洋杉作為行道樹及公園綠化的樹種。當時種樹，為避免乾旱，習以挖溝種在行溝上，然而澎湖因泥層淺薄，底層又是硬盤，種植後雖會存活，但苗木漸高，颱風及強風的吹襲，會動搖樹根，難逃枯死。故陳處長指導棄行溝，改以泥土墊高，增加泥肉種行道樹，至育苗則利用狼尾草作掩護，將南洋杉苗木種在狼尾草草叢間，在較高的狼尾草掩護下，南洋杉樹苗可不受東北季風的摧殘，此項成果，使澎湖的綠美化恢復生機。一九九六年六月十九日，我率陳處長及水土保持局陳志清局長赴澎湖拜訪鄭烈代縣長，向他建議於解除山坡地限制之同時，由中央補助，進行造林綠美化，帶動觀光產業的發展。同時在林務局造林工作隊檢討造林工作中，陳處長曾鼓勵造林工作隊營造多樣性的生態，種植其他樹種及會結果的無花果及桑樹，林中放養雉雞等，俾讓澎湖的綠化更具生物多樣性。現林投公園的林木蒼翠，花圃飄香，與白皙的沙灘毗鄰，相映成美景。說真的澎湖美麗的明天，仍需有心人更多的投入。

第四節 澎湖人怨他們是二等公民

當台灣本島的住民，可享受廉價的便捷交通，一流的醫療服務，子女可享受多元化的教育，豐沛多樣化的食物，五花八門的藝文活動，多樣的節慶歡樂的同時，澎湖人卻困處離島，享受不到台灣經濟奇蹟的成果。前澎湖籍的立法委員陳葵淼在二〇〇二年八月「澎拜」特刊中，透露他的心酸。他說：「台灣本島的居民，不必搭昂貴的飛機，利用汽車、火車，甚至摩托車或腳踏車，就可以到達台灣任何一個角落，但是澎湖人除了坐高價的飛機及耗時的船隻外，就到不了台灣；因此澎湖各級學校的各種比賽，學生很怕得第一，因為得到冠軍，就要代表澎湖到台灣比賽，必須張羅昂貴的交通費成了傷腦筋之事。另就健保為例，澎湖人健保費照繳，但享受不到應有的、公平的醫療服務，沒有設備完善的高水準醫院，醫師嚴重不足，除了馬公市區，沒有牙醫及藥局，所有小離島都沒有醫生，最近七美鄉一位村長胃出血，因沒有醫院，後送作業又耽誤而送命，這不是空前現象，也絕對不會是絕後事件。總之，澎湖人苦水，一輩子也吐不完，說多了，徒增心酸」。現陳葵淼前立委辭世，澎湖人的悲哀仍依舊。

而筆者探訪各離島，也深有所感。尤其一入秋天東北季風起，飛沙走石，入冬後寒風凜冽，居民只好退縮屋內，戶外活動困難，討海人只好更艱辛的與大海搏鬥，觀光業進入冬眠期，門可羅雀，有鑒於此，筆者與陳世圯次長以召集人身分，曾盡力促請各部會改善澎湖的困境，其中較為具體的如下：

1.由於當時筆者為行政院觀光推動小組成員，促成行政院觀光推動小組由黃大洲召集人率領小組成員，包括各有關部會的次長，親自到澎湖現地考察，傳遞政府的意向，為了配合澎湖要發展博弈事業，政府已投資興建國際機場，擴建商港，也投資解決用水和用電問題，同時鼓勵企業投資興建大型和有特色的飯店，交通業增購大型渡輪等。而准許離島可設博弈事業，必須澎湖人須有共識等，並與政府和地方人士座談，鼓勵他們共同努力。黃大洲政務委員率此小組到訪，係政府清楚表達有意在澎湖發展博弈事業的首次。

2.八十七年夏，高層要我多留意澎湖的建設，筆者爰多次走訪澎湖後，深感台灣本島與澎湖社會資源分配的不公，如台灣本島各縣市已有室內體育康樂設施，一年四季均可運動，而澎湖入冬後，飛沙走石，卻缺少室內運動場所，我洽請體育委員會主任委員趙麗雲，要求在馬公興建多目標使用之體育館，解決冬季無法在戶外活動問題，獲允將編列五億台幣籌建。為配合日後之大型建設，洽內政部長趙守博，請求興建納骨塔，俾清理散葬的墳墓，獲允將編列二千萬元辦理；鑒於望安尚無活動中心，入冬後，住民無處可去，我曾目睹年邁的祖母，推著嬰兒車，只能在聚落巷弄中走動，請求趙部長協助，也獲允納入年度計畫辦理。至澎湖區漁會請求在碼頭與建船形商場，因屬農委會主管，我也答應辦理，其他如湖西鄉垃圾場等，我均盡力而為。而七美第三期漁港擴建，陳世圯次長允納入年度辦理，唯此等枝枝節節，對澎湖的脫胎換骨，產生不了大的作用，澎湖需要的是發展可不受東北季風影響的大型並附設有遊樂場、商場、表演場、賭場的綜合遊樂園，而非反賭人士擔心的單純賭場。唯有增加二個或三個大型的綜合遊樂園，吸引國內外觀光客，於秋冬季也能帶動澎湖的旅遊，澎湖的觀光業始能進一步發展，否則數十年來的現象，夏天的機票一票難求，入秋後，澎湖又陷孤寂離島，因無完善的室內休閒設施，旅客怯步，工商界人士因無誘因，長期以來無人願作大型的投資，這是澎湖的宿命。

第五節 澎湖人的悲哀

民國八十四年三月，徐立德副院長首度表示將在澎湖設觀光賭場開始，至九十八年元月十二日通過離島建設條例納入博弈條款，已費時十四年，歷經政黨輪替再輪替，在澎湖人奮鬥過程中，澎湖縣觀光協會於一〇一年八月出版的「澎湃」特刊，曾刊載「澎湖人的怨」一文，內容令人心酸。其本文是這樣敘述的：「變變變？騙騙騙？看政治人物如何辜負善良百姓！今天純樸的澎湖人之所以要站出來「革命」，因為我們認為，所謂的純樸，不該是落後的藉口，更不是成為中央負擔的理由；光復半世紀以來，雖不能說中央政府對澎湖毫無建樹，但年年貧窮、必須仰仗中央施捨是事實；一代又一代年輕人持續外流，用雙腳向故鄉發展投出不信任票也是鐵證。中央官員幾度來澎巡撫，提出所謂觀光特區、和平之島、科技之島、免所得稅……，隨著時光流轉，再度狠狠的印證—不兌現的支票果真是選舉前用來搏感情、騙選票的誘餌。我們真的很想自己站起來，跟台灣一起進入二十一世紀，抬頭挺胸，活得有尊嚴，但我們該怎麼做？這裡是離島澎湖，不是工商發達的台北、高雄，也不是一年三百六十五天，天天晴朗的普吉島或夏威夷，澎湖人難道只能認命的守著嚴酷的東北季風，繼續「老人與海」的日子？然後那天生病了，再眼巴巴的等一架不知道會不會來的直升機？」。澎湖人何以有此怨言，實由於澎湖人自民國八十三年起，為了家鄉的生存與發展，在三位前立法委員陳葵淼、許素葉及林炳坤等大聲疾呼，以及地方首長的奔走，推動在澎湖發展博弈事業漸成氣候，筆者順應民情，爰率業務主管親自拜訪澎湖縣政府，明白告訴鄭烈代縣長，可進行全面解除澎湖的山坡地作業，以及敦請黃大洲政務委員率領行政院觀光推動小組成員考察澎湖，與縣府官員及地方人士座談，表達政府將協助澎湖發展博弈事業的動作，當時曾引起國際博弈企業集團的注意，紛紛來台考察。八十九年政黨輪替後四個月，美國拉斯維加威尼斯人所屬金沙集團首腦安德森（Sheldon G. Andelson），於十月中，率團來台考察澎湖，初步看上白沙鄉鎮海村一塊二〇公頃的土地，外加填海一三〇公頃，準備投資二十億美元興建大型的威尼斯人樂園。他在拜會陳總統時，獲陳總統同意，安德森遂進行籌備，未料次年三月，立法院質詢中，張博雅部長遭受立委砲轟，認為金沙集團的投資，係官商勾結，迫使總統府當日下午即否認有此承諾，引起安德森不悅，遂放棄籌謀多時在澎湖投資的計劃，憤而轉赴澳門投資，大手筆興建澳門威尼斯人樂園，澎湖的脫胎換骨，失之交臂，大門神降臨，我們卻把他氣走，澎湖人對威尼斯人的大筆投資計畫期待多時，陳水扁的失信氣走安德森，讓澎湖人失望，「澎湃」特刊「變變變？騙騙騙？」專文的出現肇因於此。

其後阿扁政府要在澎湖開放賭場之政策反反覆覆，前後有澎湖應朝兩岸中繼站方向發展，一度又倡議成為免稅特區，又曾考慮設自由貿易區，更有官員建議將澎湖建設成軟體科技園區等計畫，無視主觀條件及客觀環境是否具備及成熟，直如天馬行空，想到什麼就想推動，每項計畫均如泡沫，無法成型。如此這般，澎湖人在陳水扁總統任內，又荒廢了八年。在夏天，外婆的澎湖灣歌聲會嘹亮讓人陶醉，但入秋後，風蕭蕭兮旅客少，此名歌會唱不起來。

馬英九總統在九十七年選舉前，也在澎湖數度表示支持澎湖發展博弈事業，但五月二十日執政後，中央始終未將澎湖發展觀光事業，視為中央應予推動，視作地方建設，致九十八年九月二十六日澎湖舉辦的博弈公投，中央主管機關未做宣導也未給予任何協助，任由澎湖自生自滅，結果公投未過，依規定，公投未過，須再等待三年始能再次公投，於是澎湖邁向觀光事業大型化的美夢，又成泡影。一〇五年，政府又再輪替，澎湖人對舉辦大型遊樂場兼營博弈事業案，仍未放棄，終於十月十五日舉辦第二次公投，中央政府未給地方協助，任由地方公投，結果公投未過，澎湖人選擇反賭，卻不知大型遊樂場的博弈，並非當地人可任意進場賭博，澎湖的觀光事業可脫胎換骨的機會再次落空，真是澎湖人的悲哀。馬英九任內八年，對澎湖觀光事業的升級，錯失良機，蔡英文就任伊始，其對澎湖發展博弈事業，似仍延續阿扁時代的思維，恐不易改變。

第六節 新加坡大型綜合遊樂園的範例

筆者曾訪問過六十八個國家，參觀過許多著名的賭場，在我所參觀附設有賭場的大型綜合遊樂園裏，有的是多元化的休閒遊樂設施，賭場管理完善，對當地居民有層層限制，展現的是國際化、現代化的觀光園區。

多年來，這些附設有賭場的樂園，少有暴力、色情、傷風敗俗的情形，並非如反賭人士所言，認為一旦有賭場，就會帶來暴力、色情及有損地方的禍害，也絕非反賭人士所言「不會振興經濟」「會淪為中國離島洗錢特區」，新加坡的例子，足可供中央及地方官員及反賭人士的參考。

新加坡的成功，足可作為我們的借鏡。

二○○四年三月，時任新加坡貿工部長楊榮文率先倡議蓋賭場，李顯榮於二○○四年八月十二日接任總理，二○○三年時，新加坡已是擁有世界最大修船廠，世界第三大煉油廠，世界第四大金融中心，世界第五大商港，國民所得二六〇九七美元，觀光客超過八百萬人的國家，但李顯龍總理鑒於香港迪士尼樂園將開幕，並準備在機場附近蓋賭場；馬來西亞要擴大 FI 國際賽車，而泰國也要蓋賭場，在觀光旅遊上已給新加坡帶來威脅。李顯龍衡量新形勢，不顧當時新加坡政府總統，前任副總理及新聞、通訊、藝術三位部長等的反對，並遭其父親李光耀的怒斥，強悍阻止，厲言「要在新加坡蓋賭場，除非跨過我的屍體」的反對，但李顯龍不退卻，且強硬主張不能公投也不讓國會決定，於二〇〇五年四月十八日，毅然在國會宣布，將興建兩座附設賭場的綜合樂園城。此石破天驚的宣布，一夕之間，決定將禁賭、禁吃口香糖、禁賣兔女郎雜誌歷四十年的新加坡，將禁賭禁令擺一邊，追求經濟發展與繁榮擺中間。

李顯龍說出其決心「如果我們不前進，我們就必須面對被其他城市甩在後頭的風險。」就這樣新加坡展開觀光產業脫胎換骨的蛻變計畫。須知，二〇〇五年新加坡已是世界金融、海運、空運中心之一，觀光客已達八百三十萬人次，國民所得二八三四三美元（台灣一六五三二美元），其經濟成長率七・四％（台灣五・四％），新加坡不以此為足，大膽向前行，經準備一年後招標，二〇〇六年五月二十六日，濱海灣綜合遊樂場由美國金沙集團得標，十二月八日，聖淘沙綜合遊樂城由馬來西亞雲頂集團得標，經五年的填海建設，新穎耀眼的聖淘沙名勝世界，於二〇一〇年二月十四日開幕，繼濱海灣金沙遊樂園於四月二十七日也接著開幕，將新加坡一舉推向觀光大國的世界。

二〇一〇年與二〇〇九年相比，國民所得以不到一年的時間就增加七七九二美元

（陳水扁執政八年（二〇〇〇—二〇〇八）國民所得增加三三二五美元，馬英九執政八年（二〇〇八—二〇一六）也只成長四一六三美元），新加坡以一年不到的時間創造的國民所得增加額，我們要爬十年才能達到。如新加坡二〇一四年國民所得快速增加，達五五六三四美元，如與二〇〇九年的三八七五二美元相比，五年時間就增加一六八八二美元，換算我國民所得成長情形，接近我於一九八七年的五二九八美元，爬升到二〇一四年的二二六四八美元的成長數，我共耗時二十七年，但新加坡短短五年就做到並且聲名遠播，已成為世界第二大賭城。收入最多的國家，觀光客於二〇一〇年超過一千三百萬人，與二〇〇四年相比，增加五百萬人。新加坡追求的是躍進，而我展現的卻是爬在地上，仆伏前進。

新加坡賭場開幕後，並非新加坡人可任意入賭場，新加坡政府對新加坡人立下嚴格的禁令，意不讓新加坡人嗜賭。其一以價制量，對新加坡公民收取二十四小時入場稅一〇〇新幣（約新台幣二三三〇元），或一年入場稅二〇〇〇元新幣（約新台幣四六〇〇〇元）。其次有禁賭令，除了賭客自己申請，家屬也可向政府申請，阻止親人到賭場賭博；針對領取公共援助金、特別津貼或名列破產名單者，也禁止進入賭場。其三不准宣傳，星國媒體不得報導賭客贏錢；賭場不能以國內市場為廣告和促銷，不准賭客刷卡等，而賭場開幕後迄今，並無暴力、色情的產生，展現的是繁華的魅力。

我所以分析新加坡的蛻變，旨在期許當政者，應有雄才大略的魄力求新求變，須知時代在變，世界在變，海峽兩岸由互補走向競爭，昔日可以自傲的亮眼產業，如電子、半導體、資訊、通訊、石化、精密機械等產業，多已出走，留在台灣的產業，越來越疲軟，經濟發展新動能該由何種產業帶頭？

鑒於各國轉而大力發展觀光產業之際，台灣該何去何從？我應省思。大型的遊樂園兼設博弈，已不能視為是地方政府的建設，中央政府應視為是重要觀光產業，何況二十億美元以上的外資投資，也可解決今日中央財政困頓的窘態。台灣是寶島，澎湖是明珠，澎湖擁有的美景，並不輸給加勒比海的島國，澎湖却只能坐擁得天獨厚的觀光資源，任由春夏秋冬時序，起起落落。雖則近年來，澎湖的觀光事業，已稍有起色，觀光客每年已超過九十萬人，比筆者於擔任澎湖綜合開發計劃召集人時增加一倍，稍大型的酒店興建計畫，如昇恆昌投資三十億興建綜合旅館，遠東集團擬投資興建二〇〇間渡假山莊型酒店，郵輪碼頭的興建等，稍大型酒店規模在建設中，第二次公投未過後，行政院也表示，對於澎湖觀光資源的投資，行政院會與地方政府結合，繼續把澎湖的觀光及經濟發展做得更多更好，讓澎湖人有感，但筆者認為澎湖觀光產業的發展，實有賴興建包含有博弈的超大型綜合遊樂園，方能成氣候。然則在澎湖開放博弈事業，中央欠缺像李顯龍有雄才大略的領導者，也缺少雖千萬人吾往矣的魄力。現今世界已有約一四〇個國家設有賭場，日本眾議院已通過興建賭場的法案計畫籌設，而我們還在遲疑。澎湖應有更亮麗的明天，但今後一進入秋冬，澎湖還是風蕭蕭兮客不來的窘竟，筆者認為非常可惜。

第七節 發展大型遊樂場，帶動澎湖農漁業

澎湖天然環境不利發展農業，漁業也因漁源枯竭，日趨退色，已如第一節所述，但並非不能發展。澎湖已有的農產如絲瓜、花生、加寶瓜，頗獲台灣本島消費者的喜愛，養殖的紅鮒、海鱺，一度外銷日本市場。因此筆者之認知，只要觀光客增加，自然會帶動澎湖農漁業的發展。土地生產的蔬菜瓜果不足，可用塑室栽培，充份供應當地市場，養豬養雞也可擴大。七美的鮑魚養殖，馬公本島的紅鮒、海鱺箱網養殖，自然會有商機擴大生產。筆者在農委會副主委任內，曾與高雄改良場澎湖分場充份討論，分場也期盼此美景的到來。觀光事業的發展，會創造當地供應農漁產品的需求，自然會帶動農漁村的就業，以及農漁產品的加工，更可帶動農漁村作為觀光的發展，如加上創意，如包裝外婆的澎湖灣，七美的潛水灣，望安的夕陽，吉貝的白砂等，均是漁村可脫胎換骨的機會，這就是為什麼，我會推動澎湖應有更亮麗明天的原因。

說明

1．二○○五年，連戰的任務破冰之旅訪大陸，建立國共論壇，共分四組，其中農業組部分，連戰要筆者　任台灣的召集人，這不是加官晉爵，全係義務職，賦予我在兩岸交流中，要為台灣農漁民爭取利益的任務。

2．自二○○六年起至二○一五年，論壇連續召開十屆，每屆農業部份，由筆者提出主軸報告，在報告中，例皆陳述兩岸交流，台灣農漁民遭遇的問題，並提出建議，為台灣農漁民爭取利益的利益。

3．台灣有部分反中人士不察，認為參與國共論壇是賣台，筆者也曾遭受指責。我無意指責他們，但呼籲我們應該正視兩岸交流，從正面及善意促進互利互補。畢竟大陸是全球最大消費市場，目前也是我農產品外銷最大的市場，且自二○一四年起，我與大陸農漁產品貿易享有順差。又近在咫尺，不要眼光如豆，傷及台灣農漁民。

4．以下各節內容，皆是筆者在第十屆兩岸經貿文化交流論壇（國共論壇）發表的專文，謹提供給讀者分享。

第二十章

國共論壇發聲，為臺灣農漁民爭取利益

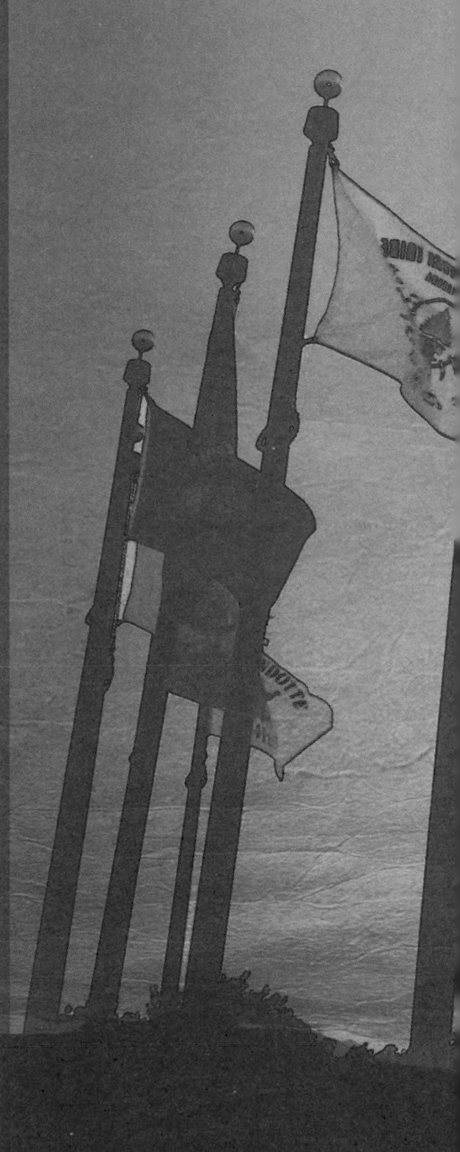

第一節　前言

一九八七年台灣取消戒嚴，開放人民赴大陸探親，兩岸關係解凍，二〇〇一年大陸開放小三通，開啟農漁產品貿易及農業赴大陸投資的浪潮。

二〇〇五年連戰訪問大陸，建立國共論壇，提供兩岸交流的平台，並經由論壇交流，進一步催生兩岸農漁交流合作的進展。

三通直航的改善，以及經濟合作框架協議的簽訂，雖貨貿協議未克生效，但兩岸經貿交流，無論投資或貿易已見成長。

由於農漁民是弱勢族群，兩岸皆是小農制，農漁民本身無力經營運銷，在台灣雖有農漁會協助從事共同運銷，但跨足兩岸，除少數農漁會外，多由中間商人壟斷。彼等收購農漁產品外銷，壓低農產品田邊價格，但在大陸高價販售，相較之下，農漁民未獲實利，致兩岸農漁交流合作穩定成長之同時，台灣農漁民無感及抱怨者甚多。台南虱目魚養殖漁民，要取消契作就是例子，此等問題應予探討。

第二節　兩岸農漁業交流發展情形

台灣農業界赴大陸投資，已遍佈大陸。在農企業方面，以食品、飲料、飼料、較人型養豬、養雞、水產養殖、花卉、皮革製品、木竹製品等為主。據台灣經濟部之統計，自一九九一年至二〇一四年，農企業赴大陸投資核准件數為五〇五三件，金額為五二・三四億美元。至農產貿易方面，二〇〇一年兩岸進行小三通小額貿易，兩岸農產品之貿易逐年增加。二〇〇五年，建立兩岸經貿文化論壇平台，推動兩岸交流與合作。二〇〇六年起大陸陸續建立通道，給予台灣十五項的水果、十一項的蔬菜和八項水產品零關稅，也給予檢疫檢驗的便利，兩岸農產品之貿易逐年增加。二〇〇六年兩岸農產貿易額為九・九億美元。由於簽訂兩岸經濟合作框架協議，將台灣十八項農產品列入早收清單，使得二〇一三年兩岸農產貿易增為一八・一六億美元，農產貿易增加一倍，台灣首次享有順差。二〇一四年台灣出口為九・九八億美元，進口為九・六三億美元，台灣享有之順差擴大為三四一九萬美元。兩岸間一九九一年至二〇一四年台灣農業界赴大陸投資情形，如附表一所示：

一九九一年～二〇一四年台灣農業界赴大陸投資情形

單位：1000 美元　資料來源：經濟部投審會

	件數	核准金額	占核准金額比率
農林漁牧業		554	291,274
食品製造業	2,369	3,093,549	2.31%
皮革、毛皮製品	1,532	1,484,545	1.11%
木竹製品	596	351,321	0.26%
菸草製造品	2	13,880	0.01%
合計	5,053	5,234,569	

二〇〇〇年～二〇一四年兩岸農產品貿易統計表

資料來源：財政部關稅總局、農委會《2014年農產貿易統計要覽》。

	總進口值	農產品進口值	比例	總出口值	農產品出口值	比例
2000	6,223,112	321,607	5.17	4,217,429	50,455	1.20
2001	5,902,784	262,764	4.45	4,895,292	48,891.4	1.00
2002	7,968,295	367,574	4.61	10,526,738	66,396.9	0.63
2003	11,017,482	409,061	3.71	22,890,303	175,731	0.77
2004	16,791,538	501,376	2.99	36,349,025	291,906	0.80
2005	20,093,086	567,526	2.82	43,643,323	361,064	0.83
2006	24,782,326	562,832	2.27	51,808,179	430,164	0.83
2007	28,014,116	711,812	2.54	62,416,411	430,748	0.69
2008	31,390,466	718,331	2.29	66,883,032	436,465	0.65
2009	24,422,663	550,436	2.25	54,248,101	364,084	0.67
2010	35,945,079	662,910	1.84	76,934,576	532,524	0.69
2011	43,595,778	793,719	1.82	83,959,400	670,361	0.80
2012	40,907,430	835,076	2.04	80,713,757	787,779	0.98
2013	42,588,412	899,793	2.11	81,787,645	916,877	1.12
2014	48,038,896	963,961	2.01	82,119,323	998,169	1.22

（一）小三通小額貿易已暫行中止

二〇〇一年大陸推動小三通小額貿易以來，帶動台灣農產品得以少量，併櫃及快速通關的便利，經由海西港口銷大陸；對促進兩岸農業交流，產生助力。但自二〇一四年七月起，海西各港關口紛紛設立障礙，至今日除准入之產品須以正常報關手續並檢附各項證明申報始能通關外，小三通的便利已全面終止，是否會恢復迄不得知，台灣從事小三通報關業務的報關行，已紛紛裁員或另謀發展。

（二）大陸綠色通道口岸盼能增加

大陸為協助台灣農漁產品銷大陸，設立「綠色通道」，在檢驗檢疫部門，設立台灣農產品報檢專用視窗，全天候提供預約報檢和提前報檢服務，對到港的台灣水果實行優先查驗。對需送試驗室檢測的樣品，優先送樣、優先檢測，經檢驗檢疫合格者，憑入境貨物檢驗檢疫證明立即放行，有利台灣的鮮果銷大陸。目前設有綠色通道便利的口岸如下：

口岸	對臺灣水果便利措施
遼寧大窟灣，周水子國際機場口岸	隨到檢驗
天津東疆保稅港區	專門報檢窗口，綠色通道
山東黃島口岸	專門報檢窗口，綠色通道
上海口岸	隨到檢驗
寧波口岸	隨到檢驗
廣州口岸	隨到檢驗
深圳口岸	隨到檢驗
陝西太原武宿國際機場	隨到檢驗
象山石浦口岸	隨到檢驗

至上列口岸外之其他港口或機場，則無綠色通道或隨到隨檢措施，且通關手續多不明朗。由於水果或水產品之銷用有時間緊迫性，造成新鮮水果及水產品銷售的困難，期盼大陸在其他對台貿易較重要的港口，也能給予綠色通道等方便。

（三）畜禽產品輸陸貿易已遭暫停

臺灣五家畜禽產品廠商之調製豬肉、加工禽品及禽蛋，自二〇一一年二月一日起獲同意，由北京、上海及廈門口岸輸入，惟大陸於二〇一四年十一月八日，以臺灣存在口蹄疫和禽流感疫情問題，以及最近發生劣質油事件尚未得到妥善處理為由，暫停五家畜禽產品輸入，希望能早日恢復。至臺灣後續提出申請十九家新增廠商及二家廠商增加產品，說明及溝通之工作，於二〇一四年七月已告一段落，希望能早日獲得同意。

（四）對臺灣農漁產品被課徵增值稅，致產品喪失競爭力

按目前，台灣農產品銷大陸，到岸後必須繳納十三％至十七％之增值稅。由於大陸為照顧農漁民，對大陸本地生產之農漁產品已予免稅，不必課徵一般商品十三％至十七％增值稅。依 WTO 規範，相同之農產品，應予國民待遇。但目前大陸仍視臺灣為第三地，視同外國國民，故課增值稅。

（五）魚目混珠，仿冒台灣水果充斥市場

台商赴海南、廣西、廣東投資，生產臺灣品種之水果，其種植之技術有長足進步，但其品質仍不及臺灣生產者。此等在大陸生產屬台灣品系之水果，在大陸南北各市場，

多假借台灣水果之名銷售，魚目混珠，不但破壞台灣水果美譽，且廉價競爭。多年來雖然台灣果農及農會不斷反應，迄今問題仍然存在，有待大陸當局介入取締。

第四節 大陸讓利、臺灣農漁民無感的原因

二〇一〇年台灣農產品銷大陸，由二〇〇九年的三・六四億美元，成長為五・三二億美元，此後每年約成長一億餘美元，至二〇一四年達九・九八億美元。在此期間，大陸多次表示，將對台灣農漁民讓利，各省領導率團來訪，也紛紛聲明採購農產品，同時北京中央台辦，也直接進行與台南虱目魚養殖漁民契作，但農民多無感。新春以來，台南虱目魚養殖漁民已表示，將放棄契作。台灣農漁民所以無感，原因如下：

台灣的農業係小農制，雖有農會辦理集貨運銷，但外銷部份，除少數農會直接營運外，多由貿易商採購外銷。貿易商為求利潤，通常會壓低價格，於接近成本價採購，甚至最近風波不斷的某大企業，炫耀以照顧台灣農民為由，以試銷名義，向雲林產地採購萵苣銷大陸，將價格壓到成本以下。至若干搶手之水果，則由於中間商競相採購，致產地價格被炒高，變成出口至大陸成本價增加，導致市場價格高，消費者不易接受，影響產業永續經營的競爭力，對產地農民不利。對台灣農產品課徵十三％—十七％之增值稅，降低台灣農漁產品之競爭力，中間商為獲取利潤，只有壓低產地價一途。由於大陸

向台灣採購農產品之採購商良莠不齊，相互競爭，壓低產地價格，農民在利潤微薄情形下，不作品質分類之自我要求，致扣款情形頻頻發生，造成民怨。

第五節 創造農民實利的建議

台灣農漁產品的外銷，在一九九六年前，除香蕉由台灣青果合作社單一窗口負責外銷外，其餘皆由中間商人接單採購外銷。中間商人為求厚利，而農民又急欲兌現，致給中間商人殺價的機會，農民常得不到實利。目前情形，主要農產品由農民所屬農會或合作社統一外銷者漸多，由於農會及合作社係法定農民組織，負責農產運銷係其法定職務，必須服務會員，從事其會員之農產運銷，僅能收取3%之服務費。有關產品分級，檢驗，裝箱，均在其督導及協助範圍內。依台灣農會法之規定，農會得自組或聯合其他農會合組貿易公司，由此等貿易公司出面接單及負責外銷。故要減少中間商分享利潤，建議大陸對官方可以影響的採購者，如各省領導訪台時所承諾的採購，事先可與選定產品之產地農會或區漁會或合作社洽購，價格務必求合理，方能讓農漁民有感及獲得台灣人民的認同，同時也要讓大陸採購者有合理的利潤，故價格的決定必須公允合理，要如何定價，建議如下：

甲、產銷正常情形下之價格

以採購前一日台北農產運銷公司批發市場果品上、中、下三級之批發價酌加五％，作為採購之產地價格。按此批發價在台灣已無爭議，具有公正性，此價格另外加上外銷之裝箱、裝櫃、拖櫃、保險等費用，形成離岸價，唯建議採購時，產地價與其他費用分開為宜。台北農產運銷公司批發市場之批發價每日上午八時前，即在網路上公布，在大陸可隨時點閱。

乙、產銷失衡，即水果價崩盤情形下之價格

若遇台灣某種水果因盛產導致價格崩盤跌落生產成本時，希望適時啟動援助，進場採購，藉以穩住市場價格。如是，台灣農民自會衷心銘感，媒體會加以宣揚報導，實善莫大焉。在此情形下之採購則以：農委會所認定之生產成本，再加十％之利潤，為向農民採購之價格。此種安排優於歷年來，台灣政府進場搶救收購之價格，可減輕果農血本無歸之痛苦，更能讓農民體會大陸之善意，宜予考慮。

丙、本項採購完全排除中間商，僅支付果品價格，運費及雜費（包括冷藏櫃、裝櫃處理費、拖車費、報關費、檢疫及產地證名費等），全部透明，以示公正。

第六節 結論

兩岸農漁業之交流合作，年來日臻密切，農漁產品之貿易也年見成長，且自二〇一三年起，台灣已享有順差，並非如台灣反中人士，認為有台灣農漁民受害之情形。雖則二年來，台灣享有貿易順差，但由於多年來，台灣農漁產品之外銷，多由中間商壟斷，致台灣之農漁民無感且有怨言。鑑於大陸高層屢表示將對台灣農漁民讓利，而各省之領導於訪問台灣時，也善意以利農之角度採購，但此等利基及善意，口惠而實不至者居多，未能讓農漁民感受到，故檢討本案，此其時矣。

筆者以長期輔導台灣農漁民之經驗，特建議應善用台灣農漁會及合作社之組織，直接採購，方能取得公平、合理、互利、雙贏。採購者與農民在雙贏互利的結果下，有利永續經營，並為兩岸農漁業交流奠下康莊大道。

說明

一九六〇年代，為捍衛我國在聯合國的代表權，必須爭取非洲新興國家的支持，為爭取這些國家，

洽獲美援運用委員會大部分經費的支持，毅然推動技術援外合作，重點為農技合作計畫，展開中華民國技術援外的先河。

援外計畫由先鋒案針對非洲，相繼擴大到亞洲太平洋及中南美洲，而本人有幸，於一九九〇年元月，

獲當時的外交部長連戰聘為海外技術合作委員會主任委員，督導海外技術合作事宜。

第二十一章

督導海外技術團

第一節　技術援外救國

第二次世界大戰後，歐洲列強勢力衰退，殖民地紛紛尋求獨立，尤以非洲大陸為最。就在一九六〇年一年內，非洲十七個國家，包括：喀麥隆、多哥、馬拉加西、金夏沙剛果（後改名為薩伊）、索馬利亞、達荷美（後改名為貝南）、尼日、上伏塔（後改名為布吉納法索）、象牙海岸、查德、中非、布拉薩剛果、加彭、塞內加爾、馬利、奈及利亞、茅利塔尼亞等先後獲得獨立，當時在聯合國內，稱之為「非洲年」。由於此等新興國家對聯合國有關中國代表權問題缺少瞭解，加以不結盟意識的興起，國際間對共產國家姑息氣氛濃厚，不大可能會支持我國，我與該等新興國家也未建立友誼，因此當一九六〇年聯合國大會第十五屆常會表決所謂「中國代表權」案時，除賴比瑞亞一國繼續投票助我外，其他與我建交新獨立非洲之國家均持觀望態度，其中塞內加爾一國，不僅不投票助我或棄權，甚至投反對票。為因應此不利情勢，外交部遂調派常駐聯合國代表團主管託管理事會多年，曾數度訪問非洲，與當地爭取獨立運動領袖接觸頗多的楊專門委員西崑，擔任亞西司司長（當時對非洲業務係由亞西司兼理）。奉調回國之前，政府並派他以公使名義，隨同楊特使繼曾（時任經濟部長），參加一九六〇年元旦西非洲喀麥隆獨立慶典，事後又順道訪問奈及利亞、多哥、迦納、幾內亞、象牙海岸、塞內加爾、突尼西亞、索馬利亞及衣索比亞等九國。楊西崑回國後，提出協助非洲友邦，以技術合作，發展其經濟來配合外交，尋求彼等之支持，技術合作援外的概念，於焉形成。

當時我國關切對非外交的駐外使節，有葉大使公超、蔣代表廷黻、薛副代表毓麒等，均支持楊司長當時所提出的構想。外交部會同經濟部，洽獲美援運用委員會之支持，一方面派專家組團考察非洲新興國家，調查其水利建設、發展農業及進行貿易之需求，一方面並邀請該等國家主要官員訪台，同時外交部也積極擬訂對非技術合作方案，卒於一九六一年一月，推出「展開我與非洲國家技術合作及加強對非宣傳工作計畫草案」，最後經楊司長定名為「先鋒案」（Operation Vanguard），積極推動對非洲新興國家之技術合作。

第二節 先鋒案

一九六一年五月二十日，行政院核准「先鋒案」，包括技術合作與宣傳兩部份。技術合作方面以農業、小型工業及手工業為主。其方式為：

（1）邀請非洲各國政府派遣農工界領袖來華訪問。

（2）派遣專家訪問非洲各國，研究提供技術協助之內容與途徑。

宣傳方面為：

（1）在適當地區設立新聞機構。

（2）加強書刊及視聽宣傳。

（3）派遣雜技藝術團赴非洲訪問。

（4）邀請非洲各國人士訪華。

上述技術合作部份，非洲新興各國普遍貧窮落後，教育也未普及，發展小型工業不易，而鑑於我國在農業方面有豐富經驗，農業育種改良及耕作技術已有相當水準，而非洲新興國家普遍缺乏糧食，為幫助非洲人民發展農業，乃決定派遣農民，在專家帶領下，赴非洲作耕作示範，此為農耕隊「外交下鄉，農業出洋」的起源。

此計畫獲美國的支持，同意在其海外經濟發展計劃（Overseas Economic Promotion Program）項下，負擔先鋒案總經費的三分之二，我方負擔三分之一。計畫包括邀請非洲領袖訪華，訓練非洲學員，派遣短期專家訪非，派專家長期駐非等。於一九六一年十月，派第一個赴非洲的農耕隊赴賴比瑞亞，我對非洲技術合作於焉正式展開。

「先鋒案」展開後業務繁多，牽涉單位層面亦廣，為便於聯繫，外交部經與經濟部、美援會、農復會等單位會商後，決定成立執行任務需要的「先鋒案執行小組」。小組成員包括：委員兼召集人：外交部楊司長西崑；委員包括經濟部馬司長聯芳，美援會曹秘書長嶽維，農復會蔣秘書長彥士，秘書由外交部丁科長懋時，農復會張秘書奉德担任，於一九六一年十月正式運作。嗣由於我在聯合國代表權問題需要非洲新興國家之支持，對非洲技術合作日益加強。「先鋒案」或「先鋒計畫」性質特殊，業務不斷擴充，執行小組僅作聯繫協商，不能對外行文，不利業務之推動。該小組爰於一九六二年四月，將「先鋒案執行小組」更名為「中非技術合作委員會」，並於同年六月五日奉行政院令准予備案，由外交部亞西司楊司長西崑、經濟部農業司馬司長聯芳、美援會李秘書長國鼎為委員，並由楊司長任召集人，隨後台灣省政府亦派員參加委員會工作，同時為擴大中非農技合作成效，也請非洲友邦派遣高級農業幹部來華實地講習。

此外，楊西崑司長後來升任外交部次長，也僕僕風塵出訪非洲，會晤各國政要，並視察農技團，由於楊次長與各國政要建立深厚友誼，結識大部份非洲新興國家政要，熟諳非洲事務，故贏得「非洲先生」的美譽。

「先鋒案」實施以來，規模、範圍、項目均日益擴大，由於效果卓著，中南美洲、亞太、亞西若干國家也提出農技合作的請求，為因應此項業務擴充之需要，遂於一九六八年七月一日起，將外交部原設之「拉丁美洲農業技術合作小組」改設為「海外技術合作委員會」，其業務由「中非技術合作委員會秘書處」兼辦。

第三節 先鋒案譽滿國際，功在國家

一九八〇年代在非洲推動的先鋒案，旨在協助非洲新興國家脫貧，以農技合作協助其農業，藉以建立邦誼，有助於支持我在聯合國之代表權已如前述。自一九六一年展開農技合作至一九七一年我退出聯合國為止，在此十年期間，確有效達到當初設計的目的，不但將台灣農業發展的經驗及農技引入非洲，在當地生根開花，且名揚國際。在此十年間，我所派出之技術團隊，計有農耕隊、獸醫隊、漁業隊、手工藝隊、釀造隊、糖業隊、油廠隊等三十四隊，分駐賴比瑞亞、利比亞、達荷美、象牙海岸、衣索比亞、加彭、盧安達、喀麥隆、塞內加爾、獅子山、尼日、上伏塔、查德、多哥、馬拉威、甘比亞、薩伊、馬達加斯加、波札那、迦納、中非共和國、賴索托、史瓦濟蘭及模里西斯等二十四國。前往非洲參加技術合作工作之我國農耕隊員及專家約達一千餘人次。非洲各友邦元首、部長等來訪者亦絡繹不絕。當時由於國內視訊未如今日之發達，且非洲相距遙遠，因此國人對非洲地區之瞭解陌生，事隔四十餘年後之今日，國人對此段史實也欠缺瞭解。以技術合作協助非洲友邦，助人助己，早期就援助非洲而言，名揚國際，功在國家之情形如下：

一、名揚國際方面

由於歐洲列強在非洲殖民期間，以掠奪非洲當地資源為主，對當地土地開發利用、發展農業、照顧當地人民並不重視。基層建設如發展農業需要之水利建設、水庫及灌溉系統、農村農路設施、教導非洲農民發展農業，可說均未作貢獻。我農耕隊進駐後，引水源、闢良田，引進台灣農業發展經驗及技術，赤足下田，耕作示範，胼手胝足，帶動當地農民學習耕作稻米及其他作物，收穫豐富，給農民帶來自給自足之希望，每一團隊均獲當地政府之重視，媒體也普遍報導，同時也逐漸名揚國際，諸如：

1．美國時代週刊在一九六八年十月十八日，對中非技術合作詳細報導，讚揚為「一種範圍雖小，但成效驚人的技術援助計畫」。

2．美國新聞周刊於一九六九年二月三日，在以「如何發展開發中國家」為題的長篇報導中，介紹我國農耕隊在非洲的成就。

3．西德鏡報週刊於一九六七年四月，以「水稻與革命」為題的報導說：「中華民國派在非洲的農耕隊，無處不受當地政府讚揚，非洲農民經常稱道中國人勤勉和技術優越」。

4．紐約時報在一九七〇年十一月九日，刊出該報記者瓊斯的專文，標題是：「中華民國協助散播綠色革命—中國人教導非洲人民更佳的農業技術」，報導說：「這些來自中華民國的專家們，以他們傳統的耐心，滿懷高興的努力工作，這無疑是水稻技術所以成功的秘訣。中國農技人員的耕作方法，令人激賞」。

5．其他如法國之「青年非洲」週刊（Jeune Afrique）、「東方與西方」雜誌（Est et Ouest）、塞內加爾之「非洲新聞」週刊（Afrique Ncuvelle）、象牙海岸之「博愛晨報」（Fraternite Matin）以及美國之「讀者文摘」（Readers' Digest）等對我在非洲之農技合作多撰文稱頌，對我政府頗有好評。

6．國際糧農組織（F.A.O）甚至延攬曾在我非洲農耕隊服務之人員加入該組織，世界銀行（World Bank）亦曾以我在尼日及甘比亞墾區方案，作為其對尼日與甘比亞貸款援助之藍本。賴比瑞亞出席聯合國大會首席代表曾在一九六九年第二十四屆聯大演說中，手持「讀者文摘」，讚揚我農耕隊工作之文章，公開宣稱賴國以第一個接受我派隊國為榮。

二、助人助己方面

就外交方面而言，延緩了中共在非洲將我孤立之企圖。歷年來聯合國大會處理所謂中國代表權問題的表決，有關「排我納中共」案，在「先鋒案」實施以前，一九六〇年僅有百分之二十的非洲友邦支持我國，亦即我八個友邦中，只有兩國支持我國。但自一九六一年實施「先鋒案」後，支持我國的非洲友邦增加到百分之七十五，即十二個國家，有九國票助我國。至一九六二年，十五個非洲邦交國已經百分之百支持我國，甚至另兩國無邦交友邦亦投票支持。

一九六四年法國承認中共，受此影響，在一九六五年「中國代表權實質問題案」，在聯合國代表大會表決結果，為四十七票對四十七票，當時若非剛獨立之甘比亞助我關鍵性的一票，我在聯合國代表權就無法保住。自一九六六年到一九六九年，支持我國的非洲友邦一直保持百分之百的投票紀錄，不僅與我有邦交的友邦全部投票助我，即與我無邦交，但接受我技術援助的國家也支持我國。一九七一年第二十七屆聯大對中國代表權的表決，非洲仍有十八國投票支持重要問題案，及十五國投票反對排我納中共案。

此段歷史，充分顯示，幸得非洲先生楊西崑的睿智，國內各有關部會的合作，以我發展農業經驗與技術，有效的協助西非新興國家，此項努力與付出，尤其農技團的貢獻，助人助己，他們也幫助我們穩住了在聯合國的代表權。

第四節 海外技術合作委員會與我

為統一及加強海外技術合作，行政院指示將「中非技術合作委員會」及「海外技術合作委員會」合併，經外交部於一九七二年十二月呈報行政院，奉行政院於一九七三年一月核定，合併為「海外技術合作委員會」英文名稱為（Committee of International Technical Cooperation）。為配合需要，新委員會仍依往例，由外交部、經濟部、經合會（前身為美援會）、農復會、台灣省政府等機關代表組成，由外交部楊次長西崑擔任召集人，仍設「秘書處」，其組織、人員及編制均未加變動。

本人於一九八九年十二月八日，奉調為農委會副主任委員，次年元月九日，奉當時外交部連部長聘請出任海外技術合作委員會主任委員，至一九九七年七月一日正式併入「財團法人國際合作發展基金會」止，本人擔任海外會主任委員歷七年餘。在此期間，與我進行合作的國家共有三十三國，派駐海外的團隊包括農技團、漁技團、手工藝、糖業技術團、醫療團、交通團、印製團等共有四十七團，派駐專家，技術等團員約三八〇餘人。為支援在前線工作的團隊，後勤作業必須靈活，故本人主要在掌握與友邦合作的政策方向及重要計畫，其餘授權給執行秘書，期間我也曾多次率團訪問與我有技術合作關係國家，視察技術團的工作，並與各國政要洽商加強合作的項目，絕大多數合作國家之首長，對與我合作均予肯定，並有加強合作的期望。我派在合作國家的技術團，遠在異域，多數為發展程度較落後的國家，且多在偏僻的鄉下，環境及工作條件艱困，由團部赴基地之路況多數不佳，加以駐地疾病叢生，我也必須關注，也必須實地瞭解。說實在的，如非親自體驗，國人不易想像。如駐馬拉威及史瓦濟蘭團隊，由於該二國愛滋病帶原者分別高佔國民之百分比甚高，，本人率團前往訪問時，曾自問，萬一出車禍受傷，需要動刀或需要輸血，該如何面對？不輸血，會喪命，如接受當地的血液，又不安心，故我曾特別叮嚀派駐之農技團長及團員，務必洽當地醫院，建立團隊之血庫，平時即輸血儲存，以備意外時急需。工作車輛也必須妥為保養，確保安全。在駐地之生活，也必須守身自愛，如在一九九三年，我派在史瓦濟蘭之柔道教練，即因隻身在該國，縱情難自禁，結果感染愛滋病。當我於該年率團訪問史瓦濟蘭，獲知如此個案，也曾關切。由於派駐在外包括在中南美洲及南太平洋的團隊，團員多數單身在外，生活孤寂，但大部份團員均能自愛。說實在的，政府給他們的條件並不優渥，但農技團團員均認真努力，為國盡力，貢獻卓著。

本人在海外技術合作委員會主任委員任內，駐外各團隊，於一九九七年六月，本人卸任時之統計如下表：

地區	國家數	技術團隊									
		農技團	漁技團	手工藝	雜技團	醫療團	交通團	印製團	小計	編制	實派
亞　太	8	9			1				10	66	57
亞　西	2	2	1				1	1	5	43	36
非　洲	7	7		1		33			11	133	117
中美洲	7	7	3	1					11	95	91
加勒比海	7	7	1						8	61	62
南美洲	2	2							2	26	20
合　計	33	34	5	2	1	33	1	1	47	424	383

第五節 援外技術合作團的成果

一九六〇年代在非洲推動的先鋒案，譽滿國際，功在國家已如前述，其中在非洲偏僻鄉下開墾的大型墾區，尤令人矚目，開發迄今，當地農民仍對我感載有加。最典型的成功案例，是早期我在上伏塔（一九八四年八月以前之國名，其後改為布吉納法索（Burkina Faso））離首都約六〇〇公里遠之姑河谷（Valle Du Koau）的大型農墾開發。

按布吉納法索於一九六〇年八月五日獨立，一九六一年十二月十五日與我建交，建交後派遣農業及水利專家前往考察，選定姑河谷作大型稻米生產區開發，我派遣五十八人之農耕隊前往，在該窮鄉僻壤，歷盡艱辛，完成大型水利灌溉工程，墾區面積達一，二六〇公頃，政府將附近農民移入，將稻田分配給農民，共達一，二六〇戶，每戶一公頃，形成尤如台灣鄉下的新農村。農民接受我專家指導，並與我專家一齊赤足下田，種水稻，由於墾區地處熱帶，稻米每年可收成兩次，每公頃每作之收穫量可達六公噸左右，農民生活獲得大幅改善，更由於墾區長年灌溉的結果，村莊的地下水增加，村民遂抽水飲用，解決民生用水問題。農村的公共設施包括學校、集會場所等，相繼建設完成，吸引附近住民移入，人口大增，聚集五萬五千餘人，布國將該地劃設 Bama 縣，形成西非可作指標性的富麗農村，對我農耕隊之貢獻，至今當地農民仍銘記在心。由於有此亮眼的成果，雖然布國一時短視，於一九七三年九月十五日與中共建交，我遂於十月二十三日中止與布國外交關係。布國與中共建交後，相較之下，中共在布國之建樹不多，所以布國政府於一九九四年二月二日，再度與我建交，我與布國之技術合作，包括農技及醫療，再度展開。筆者於復交當年十二月底，率團訪問布國，於次年元旦清晨，驅車奔赴六〇〇公里外之姑河谷墾區考察，抵達時，但見村莊已聚集約六百餘村民，敲鑼打鼓，熱烈歡迎訪問團，每位爭相伸出粗糙的手與我握手，我感受到他們的赤誠與熱情，以及衷心歡迎我農技團再度回到墾區指導他們的歡欣。當參觀墾區時，我發現水利工程大的水圳，其工法內面工的品質，似優於我的家鄉美濃的水圳，而整個農村，也頗似我小時候所看到美濃較偏僻的農村，在豔陽下，田間仍有農民在工作。以我在農村長大，從小就有務農的經驗，在農委會督導農村建設及農業發展多年，目睹此情境，對我農技團當初的勇氣和智慧，深入內陸，開發此墾區，創造此成果，心中的敬佩油然而生。我農技團的豐功偉業，除非目睹，國人均是無法體會的。因為有此成果，在布國生根，所以布國與我斷交後，又再度與我建交，復交至今，已歷二十三年，邦誼敦睦，值得我們省思與再努力。

我駐外技術團的豐功偉業（平凡中的偉大）甚多，茲此列述如下：

1. 甘比亞 MID 省喬治鎮（George Town）農民，為紀念我首任派駐甘比亞農耕隊長粟達，於一九六六年抵達甘比亞後，開闢墾區，工作四年，成果沛然，受農民愛載，卻因積勞成疾，病逝當地，當地農民為感謝他的奉獻，特豎立銅像紀念。現 Frank Lee's Monument，已成為當地觀光景點。
2. 我駐幾內亞比索的農技團吳生松技師，負責在達拉肯區指導村民農耕，村民為感謝他，將村名更改為「吳村」。

3.我派駐馬拉威農技團，開墾三十五個墾區，其稻米生產量面積占馬拉威全國稻米生產總面積三五%，尤其杜馬西肯區已成為糧食生產中心。

4.協助史瓦濟蘭王國改善玉米生產，達到自給自足目標。

5.駐布吉納法索醫療團之聲譽，鄰國皆知，如馬利共和國政府官員，樂意長途跋涉前來求醫。

6.在巴布亞紐幾內亞之農技團示範及指導稻作及園藝產品，表現亮眼，農業部特聘請我農技團團長為該部顧問。

7.駐斐濟的糖業顧問團楊尚仁團長，因表現卓越，斐濟邀請他參與斐濟代表團參加國際會議。

8.在中美洲及加勒比海各國協助稻米及蔬菜之生產，豬種改良，宏都拉斯培訓白蝦養殖技術人員，駐巴拉圭團隊開發及生產疫苗等，均表現亮眼。

9.駐帛琉農技團經多年努力，在帛琉政府給予土質貧瘠的山區，種出帛琉全國最好的蔬果，帛琉舉國皆予肯定，促使帛琉總統自動宣佈，獨立後將與我建交。

在非洲而言，自一九六〇年代各國相繼獨立之後，聯合國有關機構，世界銀行，乃至其他國際組織派駐非洲之專家，幾乎都駐足首都，穿皮鞋，在冷氣房中執行工作，而我農技團之專家及團員，則下鄉，在烈陽下赤足下田，耕作示範，與農民同甘共苦，故與農民打成一片。此種表現，是其他國家人員所萬萬不及的。

第六節 大難不死

先鋒案成立，自首次於一九六一年派遣農技團赴賴比瑞亞起，迄一九九七年六月底，即海外技術合作委員會併入「財團法人國際合作發展基金會」止，在此三十六年間，自第一個農業考察團於一九六三年十二月八日，在非洲多哥的洛梅出車禍，金城、鄭作孚、張文財三位農業博士身亡，同車駐賴比瑞亞第一任農耕隊隊長鄒梅昏迷，運回台灣救治，變成植物人，三十載後，於台北榮總與世長辭，迄至一九九六年十一月二十八日，駐巴布亞紐幾內亞農技團張技師正連，在田間推廣時慘遭匪徒槍殺止，計有二十八位團長、專家、團員等相繼為國犧牲。由於農耕隊基地或墾區多在偏僻鄉下，路況不佳，致車禍死亡者有十四位，落後地區疾病叢生，生病死亡者有十位，遭殺害者二位，溺斃者一位，意外死亡者一位。本人於一九九一年首次率團赴加勒比海訪問考察，一九九二年率團訪問非南，包括南非、馬拉威、史瓦濟蘭、賴索托及馬達加斯加；一九九三年率團訪問帛琉、所羅門群島、斐濟及巴布亞紐幾內亞；一九九三年十二月率團訪問中非及幾內亞比索；一九九四年十二月率團訪問布幾納法索、幾內亞比索及尼日；一九九五年六月率團訪問巴拉圭、巴拿馬及瓜地馬拉；一九九六年二月率團訪問海地、貝里斯、宏都拉斯及尼加拉瓜；最後於一九九七年二月率團訪問尼加拉瓜、薩爾瓦多及宏都拉斯。經實地瞭解，發現在非洲各國之各團隊，環境及條件較為艱困，而非洲各國，下鄉之路況不佳，行車安全令人顧慮，所以造成車禍死亡者，均為駐非洲團隊。但想不到，平地也个安全，一九九六年二月二十二日至三月十日，本人率海外技術合作委員會副執行秘書詹秀穎，外交部科長謝俊德，農委會科長吳明哲共四人訪問貝里斯時，於三月七日下午，考察團一行由駐貝大使館何秘書登煌駕吉普車赴 Lynam 農校，參觀我農技團設於該校之蔬菜示範區，回程途經新完成之海岸公路，路面仍是碎石尚未鋪柏油，車行稍快，會顛簸搖晃，途經轉彎因未能減速，致煞車後，車身彈起，在空中翻滾，竟平整翻覆落地，四輪朝天，一時只覺得天旋地轉，稍微定神，我發現車子引擎仍在運轉，深恐起火燃燒，馬上請何秘書關掉引擎，車身仍完整，發現車後窗已毀，四人由後窗依序爬出，互相檢視，竟無人流血，但謝科長右側頭部稍微碰撞，我則感覺頸部似受到碰撞扭傷，詹副秘書右手掌扭傷，大家似無內傷跡象。所幸當時對面車道無車通過，否則勢必發生對撞，翻覆地點也非山谷，本可能是一場不堪想像的悲劇，竟能四人安然無恙，蒼天厚愛，生死一線之隔，有大難不死的感覺，的確不可思議。在此之前約二十分鐘，已有一次，在經過小橋前，車身打轉，險些掉入河中之驚險情形，詹副執行秘書曾提醒大家繫好安全帶，並提醒何秘書應在轉彎處減速，以免像冰雪上駕車，車速一快，稍加煞車，即可能無法控制。未料話猶在耳即發生車禍，幸車禍發生後，貝國前衛生部長 Theodore Aranda（曾訪華，對我友好）駕車進城途經車禍現場，他下車關懷，瞭解我們的情況後，自動搭載我們進城。上車後，我仍驚魂未完全平靜下來，未料詹秀穎鐵齒，要我看沿途兩邊有很多墳墓，等到入城右轉時，第一家店又是一家棺材店，他說墓地在眼前，棺材也具備，我們真是命大，這不是調侃，的確是不可能有的幸運。

回到酒店，先安排謝俊德到醫院檢查，是否會造成腦震盪，我與詹二人，盥洗著裝後，於當晚出席貝里斯總理的晚宴。

第七節 提升農技合作，理想未克實現

先鋒案於一九六〇年五月二十日成立，歷經轉型為中非技術合作委員會，再擴大為海外技術合作委員會，至一九九〇年元月九日，本人被聘為主任委員時，已歷時三十年。在一九六〇年代，非洲新興獨立國家，脫離殖民地獨立，貧窮落後，我友善的農耕示範，親自下田，教導農民，引進我優良品種及新進技術，成果斐然。但三十年後，時空差異，各國經濟已逐漸發展，地主國之人才逐漸育成，許多國家之農業首長或農業部專家，在海外學成歸國，其專業知識，甚至凌駕我團長，農業水準及政情變化改變甚多，我農技援助也遭遇若干瓶頸及困難，諸如駐在國之合作單位官員水準普遍提升，而我國內高級人才難以羅致、國際技術合作經費逐年萎縮，駐在國因財政困難無法履行義務，技合項目不斷擴增，技術團人力結構無法充分調配，致可彰顯我國農業發展多元又豐富的農業經營經驗，本可協助友邦的農業更上層樓，諸如有競爭力的作物，擴大生產，進行加工或利用生物科技，產出高價值的產品等，不但能促進農業現代化，又能帶動農村經濟的發展，但因上述業務不能推動，而團員之待遇福利一時無法改善等，已面臨有全盤檢討

之必要。

此外非洲地區與中南美地區有別，非洲國家以達成主要糧食自給自足為目標，中南美國家則有外銷之利基與條件。就與中南美國家農技合作而言，我提供農技援助，雖可有效增加農產品之生產，唯農產品之生產產銷不一，易造成生產過剩，價格低落，時有農民收益受損情形。巴拿馬總統及巴拉圭總統訪問我國期間，均有強烈要求，希望我農技團除提供農業生產技術外，對農產品銷售管道及與運銷相關之收穫後處理技術，也能予以協助。又如本人於一九九五年六月率團考察派駐巴拿馬農技團時，在拜會巴拿馬農業部長 Carlos Sousa-Lennox 時，他也懇求我國協助巴拿馬建立農產品加工業。我問他，是何種農產品加工，他說檬果，於是我誠懇告訴他，在巴拿馬我所看到的檬果樹，並無商業價值，因為樹高，不易管理，也難採收，何況品種無競爭力。我向他建議，巴拿馬在熱帶，有利於種植，倘農業部有此構想，應鼓勵巴拿馬民間企業投資，加工廠設立後，必須生產足夠之原料供應加工廠，且一年三百六十五日，每年需有十五日作工作維修，尚有三百天，工廠要運轉，檬果採收季節只在春夏之交，其餘季節，不能讓加工廠閒置，必須有其他產品配合生產供應。於是我向他建議，不妨在巴拿馬北部之 David（我於逗留哥斯達黎加時，曾驅車赴該地遊覽，地勢較平坦，有利種植）規劃為產區，最好檬果、鳳梨、柑橘、檸檬各種植六百公頃，如有此計畫，我答應會派專家來協助。他認為很好，因為有此體會，我更警惕自己，農技合作不能不作調整。

此外，隨經貿自由化時代來臨，各地區區域性經濟共同體系亦逐漸形成，未來我農技合作宜有所因應，應以市場為導向，選擇有利外銷之作物，協助生產及產後處理，使產銷合一。尤其中美洲國家，位在美國後院，美國可作為其農產品之銷售市場。筆者有鑑於此，曾洽美國邁阿密之華商採購我在海地農技團生產之東方蔬菜、苦瓜等；也曾透過友人洽麥當勞總部，與我駐尼加拉瓜農技團進行契作洋蔥及豆類；貝里斯之葡萄柚、鳳梨、木瓜也有外銷美國的市場，而宏都拉斯已早有 Cana Exveco 及 Chestruts Hill 公司擁有農場，生產蔬菜外銷美國。基於上述認知，本人爰於一九九七年二月十日至十二日，邀請我駐中南美十一國之農技團、漁技團及竹工藝團共十五位團長，在宏都拉斯召開「駐中南美洲農漁業及竹工藝技術團農產品產銷及收穫後處理研討會」，事先請農委會秘書室主任劉富善博士，就農產品銷售問題，「政府在農產品產銷及價格制定之扮演角色」，及海外技術合作委員會呂斯文博士，就中南美國家，尤其是墨西哥農產品銷美國之情形，以「北美洲農產品市場之分析與評估」提出報告，藉以經由眾人腦力激盪，凝聚共識。經二天之討論，每位團長對本次研討會之意旨與結論，均予認同，為求慎重，不虛應故事，我要求於會談結束後，當場作無記名投票之調查，會後回收之不記名評估調查表分析如下：

1．與會人員對研討會議程安排認為：十分滿意者百分之七十五；尚可者百分之七；不滿意者無。

2．與會人員對研討會討論方向認為：正確者百分之八十六；尚可者百分之十四；不正確者無。正確原因包括（1）三十餘年來研討會首次討論產銷問題（2）討論產銷先鋒計畫可行性，引導未來工作方向（3）技術團業務計畫確實有與市場連線之必要。

3．本次研討會未來工作認為：很有幫助者百分之三十六；有幫助者百分之六十四；無幫助者無。

4．關於未來繼續籌辦此類研討會認為：值得者百分之九十三；無意見者百分之七；不值得者無。

本次研討會中，各技術團團長對未來協助駐在國做好產銷之工作方向，咸表正確，部份團長認為只要銷售問題可解決，技術團在生產層面配合上不難解決。考察團建議各團，針對討論之意旨及結論，配合各國農業發展政策，選擇具市場潛力之農作物，擬訂產銷合一之小規模先鋒計畫，獲有市場後，訂定契約，組織產銷班，輔導生產供內外銷，建立小農產銷模式。

筆者及海外技術合作委員會同仁，以及駐中南美各農、漁、手工藝團，均有心朝此方向努力，而筆者也有信心出面尋找美國市場。麥當勞總公司已表示有意願，但由於八十六年六月底海外技術合作委員會裁撤，正式併入國際合作發展基金會，本人擔任海外技術合作委員會主任委員之職務也告結束。因此本案擬提昇我農漁技術合作團隊，加深與駐在國農漁業合作之願景也宣告結束。理想未克實現，真是可惜。

第八節 獲頒勳章

我駐外農技團，尤其是駐非洲國家之團隊，在偏僻又落後之鄉下駐紮，胼手胝足，甘冒疾病威脅，路途跋涉，因路況不佳頻頻車禍，我自己也經歷翻車，有團員甚至在田間遇劫被槍殺，為國捐軀者，前後有二十八人，而彼等留下之豐功偉業，讓非洲有些國家與我斷交後，因感念我農技合作之貢獻，讓他們珍惜，故又與我復交，實功不可沒。

我個人雖忝為海外技術合作委員會主任委員，在任職七載餘，論功勞，實微不足道，但因本人率團訪問各國時，用通達之西班牙語、法語及英語，直接與駐在國總統或總理，以及有關首長交談，介紹我農業發展之策略，客觀分析地主國農業發展之條件，及建議農技合作如何加強等，因表達並無障礙，故於拜會諸如不吉納法索、尼日、中非等國之總統、總理、農業部長、水利部長時，均可暢談，而談話內容中，誠懇表達，希望協助地主國發展農業，可能給地主國政府首長留下深刻印象。故我於一九九五年榮獲中非共和國巴達賽總統頒授勳章，布吉納法索龔保雷總統頒授懋績勳章，也榮獲尼日總統頒授勳章。按海外會歷任主任委員，也同樣付出心力，但與非洲法語系統國家之政府首長交談時，需由中文或英文翻譯成法語，無法交心，故担任主任委員獲友邦贈勳章，只有我一人。對外溝通之功效，語文之為用非常重要。如本人於一九九六年二月率團訪問海地，於赴我農耕隊墾區安迪波尼（Antibonite）河谷平原考察，有三百多位農民聚集，隨團的海外會同仁在其撰寫的考察團考察報告中，是這樣描述的：「在訪海地期間，林主委曾在安狄波尼河谷平原三百多位農民代表聚會中，以 Creole 土語對農民代表致詞，使原先吵雜的會場頓時鴉雀無聲，林主委以堅定誠懇的語氣，向海地農民表達我協助海地農民改善稻作生產之決心，獲與會農民之熱烈迴響及持久的鼓掌歡迎，是一次成功的外交出擊」。後來，外交部次長蔣孝嚴也訪問海地，他返國後約我赴外交部會商，他誠懇的告訴我，我駐海地李南興大使強烈地向他推薦，如果要海地不斷交，最好請林主委來當大使，因為他會土語，上次他來訪問，面對三百多位農民用土語的致詞，頗令他詫異。蔣孝嚴次長有此美意，誠懇地要我出任駐海地大使，但由於我於一九六五年第一次外放時，就外放海地，在海地四年，已有足夠的體驗，故我感激他的好意，予以婉謝。

第九節 褪色的光芒

一九九五年，政府擬統合對外技術合作，援外貸款及人道救助於同一體系，成立了國際合作發展基金會，在立法院處理「國際合作發展基金條例」階段，個人也期待日後海外技術合作會有更多資源來提升故予支持。及至國際合作發展基金會於一九九六年七月一日正式成立，海外技術合作委員會因業務較繁雜，延後一年，於一九九七年七月一日始併入。此後，其業務即由外交部主導。由於外交部門平時與產業部門之合作聯繫較少，在本人於結束海外技術合作委員會主任委員之職後，至二〇〇〇年五月二十日離開農委會止，外交部即不再洽農委會協助，農委會系統內，有眾多經驗豐富之專家，未予善用，真是可惜。由於首任國際合作發展基金會秘書長，係禮聘甫自世界銀行退休之專家出任。他可能不熟悉農業發展的本質及我如何推出先鋒案，以農技援外獲友邦支持，來捍衛我在聯合國代表權的道理，也未體察我友邦均為開發中國家，經濟主軸均賴農業，而農技合作由示範、增產、引進優良品種，帶動農民的學習，使他們得到務農能滿足溫飽，改善生活，此僅是第一階段。在一九八〇年後，尤其在一九九〇年代，台灣經濟蓬勃發展，農業也日益精進，精緻農業的美譽，國際上也多予認定，我正可以憑藉台灣農業發展的經驗協助友邦，建立農業「產業」，提升技術合作，但國際合作基金會却援用世界銀行，以計畫執行的方式，建立後即移交地主國，致協助建立產業所需，如養豬、養蝦以產業示範場，藉以改良品種，繁育種豬或蝦苗提供農戶，飼料換肉率的改善，疾病的防治等，均需要示範場作基地藉以培訓農民，一旦將此計畫移交當地，無形中即中斷擴大養豬或養蝦形成產業的機會。合作項目逐一放棄，我能協助友邦發展農業，改善農民生活，帶動農村發展的潛能也告中斷。其後歷任執行業務的秘書長有從事民運學者，企業界人士及與農業隔閡的外交部官員，由於對農業經營不熟，閉門造車，隨自己之構想，改變合作計畫，降低我農技合作在駐在國的重要性。多年來，我為維繫邦交，國內批評凱子外交者不絕於耳，我本可以使用更少費用，更加協助友邦農業之進一步發展，嘉惠友邦農民，帶動當地經濟發展，但不幸的是，我駐外農技團一個又一個被裁撤，對外實質農技合作萎縮，過去榮景，已光芒褪色。

第十節 對布國珍惜與我邦誼的省思

報載本年一月二十五日，外電彭博社報導，中共將以巨資挖我非洲兩友邦，布幾納法索外交部長巴瑞表示，雖然大陸願給予鉅款協助布國，但布國無意改變與台灣的親密關係，在我外交趨於動盪之際，布國居然有此珍貴感人的友誼表現，值得我深思。

按布國於一九六〇年八月五日獨立，一九六一年十二月十五日與我建交，我當時執行「先鋒案」，於建交後，派遣農業及水利專家前往考察，在 Le Houet 省西南方，選定姑河谷作大型稻米生產區開發，我派遣五十八人之農耕隊前往，於一九六八年十月三十日開工，在該窮鄉僻壤，歷盡艱辛，於一九七三年九月，與我中止外交關係時，已完成大部分大型水利灌溉工程，此大規模開墾案，本章第五節已詳述，其規模，共完成渠首工一座，導水路十一公里，灌溉幹線七、八公里，灌溉支渠十一．三公里、灌溉分線四二．八公里、農路四十公里、開墾面積一二六〇公頃、灌溉面積九三四公頃。墾區分段完成後，分配給當地農民及移民經營，農村公共設施包括學校、集會場所等，相繼建設完成，吸引附近住民移入，會集五萬五千餘人，布國將該地劃設 Bama 縣，形成西非可作指標性的富麗農村，對我農耕隊之貢獻，至今政府及當地農民仍銘記在心。由於有此亮眼的成果，雖然布國於一九七三年十月二十三日中止與我外交關係，但於一九九四年二月二日，再度與我建交，至今維持邦交已歷二十三年。復交後我與布國之技術合作，包括農技及醫療，再度展開。筆者於率團訪問布國時，鑒於龔保雷總統有意開發巴格雷

（Bagre）水庫下游平原，當我謁見他時，誠懇表示願在布國創造第二個姑河谷的奇蹟，給布國帶來第二個春天。按水庫離首都一百五十公里，水庫面積二五〇〇〇公頃，高水位之蓄水量為十七億立方公尺，為我曾文水庫現有效蓄水量的二．五倍。我派團前往勘察，已有完整調查報告，水庫壩址右岸，地表硬盤裸露，興建水圳工程困難度高，雖則下游可開發三三二〇公頃稻田，但地形複雜，工程開發估計需五千萬美元以上，而左岸開墾較易，且已有十一個國際機構及組織，於一九九五年起三年內，計畫開墾二一六五公頃，分配給十一個國際機構及組織，每個單位預估二〇〇公頃。當時我曾向龔保雷總統表示，願在左岸開發。由於十一個國際機構及組織已選定水圳開墾，為避免我獨立承擔興建水圳工程，我向布方表示，願配合十一個國際機構及組織，在左岸開發，先給我農技團三〇〇公頃土地，當立即開墾從事果樹及雜糧雜作，將來水圳建妥通水後，再給我團更大面積墾區，俾創造貝格雷村與姑河谷相映爭輝。

但我率領考察團的建議，在我不知情之下，被海外會秘書長擱置，渠選擇開發右岸，工程艱鉅，也克服困難，完成右岸長一五〇〇公尺灌溉水圳工程，開發稻田七十一公頃，完工時，龔保雷總統前往剪綵，能在短期內完工，確屬不易。完工後，據悉國際合作基金會將墾區之生產交由我農技團退休人員組成之農墾公司經營，並非如姑河谷計畫，分配給農民，讓農民自主生產，我從旁輔導協助的方式，同時右岸小規模開墾，直接限制下游可開墾三千公頃的機會，而交給商人經營，也喪失照顧農民，建設農村，三農並茂的可能，對更進一步深耕與布國邦誼的好機會也喪失，而大力協助開發，據悉最後卻交由農墾公司經營，實匪夷所思，對外農技合作，究要務實或務虛，我人實應深思，尤其日後布國政權之交替，筆者預估會比以前頻繁，在外力引誘下，我趨於淺薄的技術合作，能否讓布國政府珍惜，更應熟慮。

按布國雖位居內陸，因有法國航空公司的飛航，故布國生產的四季豆、番茄、芒果及橙柑，已順利外銷法國。由於水果與雜糧之生產，需要灌溉用水較少，需要較少的水量，管線也可以先用塑膠管明管鋪設，在墾區可設水塘或水池蓄水，故當初我向龔保雷總統要求先給我尚未開發的三百公頃，已有這些考慮，開墾不會很艱難，日後十一個單位之開發，興建大型灌溉系統，我也參與，屆時可開發水稻田。水果如芒果、鳳梨、橙柑之種植擴大後，協助設立加工廠，帶動農產加工產業的發展，同時也可增加農村就業，加上日後大型水稻田一旦完成，水田與旱作相連，形成大的墾區，農民移入，由我帶動整區的發展，這是我願協助布國創造第二個姑河谷的構想也是理想。唯由於海外技術合作委員會，於一九九七年七月一日起，正式併入國際合作發展基金會，筆者負責督導海外技術團隊的職責也告結束，未再過問與布國合作之計畫。目前未悉，在踏實外交下，有無此種考量？

第二十二章

邦誼私誼與帛琉之歌

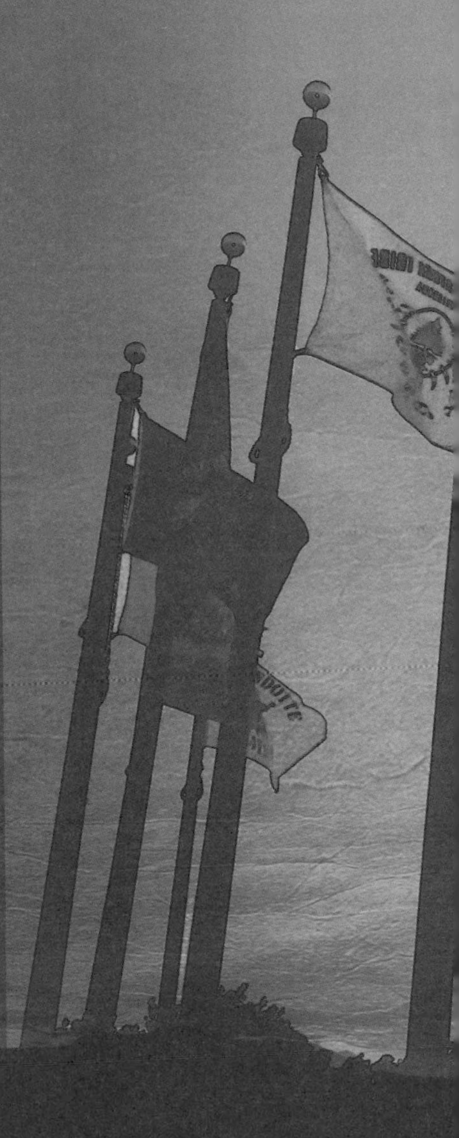

第一節　遺世獨立的美麗島國

帛琉對我來說，是西太平洋安靜的人間仙境，兩次前往訪問，令我難忘。

帛琉位於菲律賓明答那峨島東方的西太平洋海域，位處北緯六至八度之間，在西太平洋颱風帶之外，由二百餘座小島串成群島，主島Coror屬火山地質，其他小島為珊瑚形成，每個小島頂層均有灌木生長，如同戴上帽子，海水清澈，魚群優游，堪稱世外桃源。

第二節　農技團化劣壤為良田

我於一九八五年派遣農技團赴帛琉，協助帛琉發展農業。按當時帛琉並無農業發展計畫，農業生產也無紀錄。根據農技團調查，該國農作可分三類：第一類為商業性農場，面積自〇．二至二．〇公頃不等，全國共有十六個；第二類為濕地芋區，一般皆為親戚集合在一處，種植濕地芋頭，由數個小小區間形成一個小區塊，面積〇．一至一．〇公頃，為帛琉的傳統農耕方式，全國約有五十九處。第三類為庭園圃地，面積自數坪至數十坪，全國約有二百餘處。故對我農技團而言，帛琉是處女地，我派農技團當時，帛琉政府也不懂配合，竟選擇主島內陸土地貧瘠之Nokken山中約十公頃之土地，供農技團開墾，作為示範農場。由於土地PH值甚低，僅為四．三左右，土地亟待改良，我農技團在此貧瘠之土地上，立即進行木瓜、鳳梨、楊桃、番石榴、柑桔等果樹之試作栽培。蔬菜方面引進胡瓜、茄子、紅豆、番茄等國內品種試作，均獲得良好的成果，農技團每年送帛琉農業局九萬多磅水果蔬菜，供農業局出售。農技團鄭漢光團長，為改善農場生產環境，屢次建議海外會支援該團，以苦土石灰改良土壤PH值與種植綠肥以改善土壤，同時也曾提出自國內引進芒果、竹筍、蓮霧等品種，任事積極，實屬難能可貴。

第三節 農技團奠下邦誼

為瞭解我農技團工作情形，我於一九九三年八月，率團前往考察，我以農委會副主委兼海外技術合作委員會主委身份，成為有史以來訪問帛琉的中華民國最高官員，帛琉政府非常重視。

農技團在鄭漢光團長帶領下，在帛琉貧瘠山區，化腐朽為神奇，經多年的努力，生產的蔬果獲得帛琉政府自總統以下各級官員的讚賞。坦白的說，在我未踏入帛琉國土前，從農技團的報告，只瞭解農技團在農科上獲有成就，但體會到農技團在駐地所發揮，充當雙方交流樞紐的角色，只知道我與帛琉尚未建交，我與帛琉的往來是由我駐關島辦事處兼辦。但到訪後發現辦事處並未派員駐守，故鄭漢光團長多年來，實際上充當駐地「代表」的角色。

考察團於八月十六日下午四時許抵帛琉 Koror 市，在未拜訪帛琉政府相關部會下，帛琉總統中村國雄（Nakamura Kuniwo）於當晚八時，以「國宴」款待我團，以筆者在外交部服務時，曾任禮賓司交際科長，也曾任駐外代表十年餘，担任特使團秘書三次，担任特使團團員也有十三次，以自己親身體驗，中村國雄總統的晚宴，副總統、國會參眾兩院議長，內閣全體閣員均在座，並有菲律賓四位吉他手組成的樂團，全程演奏助興，排場與一般國家款待國賓的國宴無異，隆情厚誼，讓我深受感動。中村國雄總統的晚宴，實質上，不應是款宴來自中華民國的一位副主委（次長），而是在感謝我國給予帛琉的無私協助。很榮幸的，我僅是帛琉建國以來，到訪的中華民國官員中，職位最高的一位，所以有此殊榮，是我農技團多年來，辛勤耕耘的成果。晚宴溫馨，令人難忘。

次日，我團拜會中村國雄總統，他對我考察團熱情接見，在會談中，我特別感謝他盛大款宴我團的隆情，並感謝他對我農技團的協助，他快言快語，坦率表示，帛琉政府給予我農技團最差之土地，卻能生產全帛琉品質最佳之果蔬，以帛琉尚有可開墾之肥沃土地，在我農技團協助下，發展帛琉之農業應有遠景。彼並表示帛琉一旦獨立，將與我建交，倘非我農技團表現優異，不會有不必交涉，由總統主動親自宣布與我建交的決定，農技團功在國家，奠下邦誼，鄭漢光團長及團員，功不可沒。

在拜會總統時，我懇切請求總統，我願意配合其觀光事業的發展，在Koror市近郊較肥沃的土地，先撥給我農技團十公頃，由我組織農民，成立合作社，給予訓練，有計畫的生產無毒或有機蔬果，收穫後集中整理，供應市場及酒店，滿足觀光客的需求，日後生產面積並可擴大，建立帛琉的精緻農業。同時我也提出漁業合作計畫，在帛琉建立我在西太平洋延繩釣作業漁船基地，以入漁費方式，給我配額，在其經濟海域作業，他均表示歡迎，尤其漁業方面，他表示靠泊的大陸漁船，在衛生管理方面不足，歡迎我漁船來帛琉作業。他也拜託我，代為在台灣招商，在Koror機場，瀕海台地興建高爾夫球場，所需土地，予以優惠，廉價租用，在Koror市海灘或市區興建觀光酒店，及台灣的航空公司與帛琉通航等。我返台後，除向有關部會反映外，並曾拜訪國內企業界，如新光吳東進，台開劉泰英等，對開拓台灣帛琉班機飛航，筆者返台後，因對帛琉絕世無雙的美景印相深刻，當時許多國人仍不瞭解，為促進日後國人能前往遊覽，台灣直飛帛琉之航線，值得推動，因此主動續洽帛琉商貿部長George Ngirarsaol，獲告，帛琉亟盼與台灣通航，當時帛琉民航法則（Civic Aviation Rules and Regulation）尚在國會審查中，建議我先以包機（Charter Flight）先開航，因此也向馬公航空公司進言，建議他們前往投資，並表示我個人願出面協助。而漁業合作的項目，我也轉知台灣省鮪魚公會及高雄漁輪公會，也將處理情形告知中村國雄總統，不敢辜負他的付託，只可惜，當時國內企業界，不太瞭解帛琉，故各方反應冷淡，約三年後，始喚起我國人的注意。

第五節 私誼與帛琉之歌

與中村國雄總統能建立誠摯友誼，我個人認為是來自於結束訪問前夜，我的答宴。十六日我抵達當晚，他親自主持形同國宴層級的晚宴，讓我受寵若驚。由衷感謝下，我當下懇求，於我結束訪問時，也讓我有機會答宴，邀請當晚所有貴賓參加，他欣然同意。由於我率團考察帛琉只有三天，因此我很快安排於第二日，於考察農場後當晚，在中村國雄總統宴請原地點，也是我團下榻的 Palau Pacific Resort 酒店宴會廳舉行，中村國雄總統、副總統、參眾院議長及內閣閣員、陳國璸處長、我團、農技團均列席，我也請菲律賓吉他樂團在場演奏助興。由於考察順利，帛琉總統以下首長均對我友善，心情也就特別輕鬆。中村國雄是日裔，其父為日本人，諳日語，我也略懂日語，故用日語交談氣氛親切，內容更為廣闊，高興之餘，他唱歌，我也唱歌，尤其我很喜歡菲律賓的樂團，因為菲律賓曾被西班牙統治，他們均會拉丁歌曲，因有四位吉他手伴奏，唱起來特別有情調。晚宴快結束前，中村國雄總統說要唱帛琉之歌，當他一開口獻唱，立即引起我的好奇，因為此曲乃日本昭和時代流行的「支那の夜」，他唱畢，我立即表示，總統閣下，帛琉之歌原曲是日本流行的「支那の夜」，他說是。我又表示，我可以用日文及西班牙文演唱帛琉之歌，問他相不相信，他高興之餘，請我唱。由於我會背歌詞，因此我先唱日語，後演唱西班牙語歌詞，他在驚奇之餘，問我為何有西班牙語歌詞？我告訴他，一九九〇年初，我率團到澳洲，與澳洲談判澳洲牛肉輸台灣問題，由於談判順利，澳洲確定他們的牛肉在台灣的市場會穩定成長，結束訪澳前夜，澳洲外交部次長款宴我團，由於他曾派駐智利當大使，我也曾被派駐智利代表，雖然服務期間不同時，但因有此背景，一時更為親切。因此兩人用西班牙語交談，談起旅智利經驗，他說很懷念，他有拉丁民族的熱情，哼歌作樂。他主動表示，會用西班牙語唱東洋歌曲，於是唱出西班牙文的 Chinita, no llore「支那の夜」，我如獲至寶，當場請他寫下西班牙文歌詞，我接受此傳承，熟背歌詞，沒想到有機會在帛琉獻唱此曲，替宴會場面增添意想不到的溫馨、愉悅氣氛。中村國雄總統很高興，我相信當晚給他留下奇妙的印象。帛琉之歌也讓我永遠忘不了。

第六節 私人渡假，也備受禮遇

我訪問和旅遊，已走過六十八個國家，加勒比海的藍天白雲，白色沙灘，真的很美，巴貝多尤其讓我欣賞。澎湖吉貝的沙灘，玄武岩的奇特，猶如遺世獨立的七美，也讓我欣賞，但只有帛琉，讓我真如世外桃源的感覺，帛琉給我的感受較為強烈。自從我率團考察帛琉後，我一再向農委會的同仁，鼓勵他們攜眷前往渡假，未料老是提起帛琉，於一九九五年夏，多位同仁決定前往，在主管會議場合，請我帶團，我只有答應。團組妥並訂好行程後，我通知中村國雄總統，他很快回覆表示歡迎。我們一行七人抵帛琉，總統府派人來接機，中村國雄總統於當晚設宴款待。次日，他安排一艘遊艇，由天然資源部長陪同，讓我們到 Coror 島東北方農村參觀，當地村長出面接待，參觀芋田及山區生態，中午並以傳統午餐款宴我團。第三日上午在總統府接見我們，並作無拘束的交談，我個人習慣於此等寵幸的禮遇，但其他同仁因一輩子均未有過此種榮幸，每一位均與總統單獨合照，顯現無比的高興。第四日，適逢周末，總統又安排二艘遊艇，搭載我團，總統親自陪同，並有四位部長隨行，在駛赴礁岩島（Rock Island）。途中，總統教我們繩拖釣，一路可看到海豚追波跳躍，我的團員饒賢奇主任（會計主任）特別幸運，釣到一隻大魚，非常的驚喜。我自己因在派駐海地大使館服務時，常常與美國大使館陸軍武官一同租船出海拖釣多次，釣到大魚的刺激已領受過，但此次拖釣，六位團員均是首次體會，他們都狂呼過癮。

到了礁岩島，總統已安排好在島上烤肉午餐，團員們下海逗魚群嬉樂，中午在島上烤肉野餐，不要說其他同仁感受到榮幸，我也覺得蒙受到無比的優遇。當天，礁岩島上有二團來自台灣的遊客，他們大部分認得我，詢問我是否是單獨自由行？當我告訴他們我是帶領農委會同仁來此渡假，由中村國雄總統安排並率領我們來礁岩島。由於總統當天穿短褲，頭戴草帽，與眾遊客混雜其中，沒有人宣布有總統在此，也無警衛或保鑣隨行，當我向台灣遊客指出，躺在樹下木板凳上，草帽覆蓋臉部的那位就是總統時，他們均驚訝，這怎麼可能？這就是中村國雄總統不同凡人之處。他平易近人，又熱誠待人，我僅是率同仁前往渡假，就受到如同「國賓」的禮遇，如非有同仁見證，相信讀者會認為我在誇大其詞。我曾在外交部服務二十七年，任職駐外代表也有十年，此種禮遇，以我僅是次長身份，在外交圈應該是一生想都想不到的因緣。

第七節 貴重禮品，永生難忘

一九九六年五月二十日，李登輝總統就職，中村國雄總統率團來台慶賀，他於出發前五天打電話給我，告訴我要率團來華，準備帶 Sashimi（生魚片）給我，我告訴他不好帶，他說沒有問題，要我於他抵台時，派人到桃園機場接機領取。未料他的禮品很特別，三件大禮品中，長型用蓬布包裹冰塊，綑綁的是一條長約一二〇公分的黃鰭鮪大魚，一箱二十四隻的龍蝦，還有一箱約二十公斤重的珊瑚礁高級魚。說實在的，我做夢也不會想到會有這麼奇特又隆重的禮品。他坦率表示，他只帶這些禮品，全部送給我，隆情那麼厚重，晚上下班回宿舍，才想起魚鮮，禮品必須立刻分送給同事友好，家裡又無幫手，我為了切割那條魚，幾乎花費兩個小時，而且由於必須立即分送，只好找朋友幫忙。異國情誼，如此可貴，真的永生難忘。

國家圖書館出版品預行編目（CIP）資料

不懼 ： 當為則為 / 林享能著． -- 第一版．
-- 臺北市 ： 樂果文化出版 ： 紅螞蟻圖書發行，
2013.05 面 ； 公分． --（樂分享 ； 3）
ISBN 978-986-95136-2-3(平裝)

1. 言論集

078 106012334

樂分享 3

不懼：當為則為

作　　者／林享能
總 編 輯／何南輝
行銷企劃／黃文秀
封面設計／引子設計
內頁設計／沙海潛行

出　　版／樂果文化事業有限公司
讀者服務專線／（02）2795-3656
劃撥帳號／50118837號　樂果文化事業有限公司
印 刷 廠／卡樂彩色製版印刷有限公司
總 經 銷／紅螞蟻圖書有限公司
地　　址／台北市內湖區舊宗路二段121巷19號（紅螞蟻資訊大樓）
電話：（02）2795-3656
傳真：（02）2795-4100

2017年8月第一版　　定價／300元　ISBN 978-986-95136-2-3